¡LÍBRAME DE MIS PADRES!

MARK MATLOCK

SEÑOR, ¡LÍBRAME DE MIS PADRES!

MARK MATLOCK

 Vida®

 Especialidades Juveniles.com

La misión de Editorial Vida es ser la compañía líder en comunicación cristiana que satisfaga las necesidades de las personas, con recursos cuyo contenido glorifique al Señor Jesucristo y promueva principios bíblicos.

SEÑOR, ¡LIBRAME DE MIS PADRES!
Edición en español publicada por
Editorial Vida – 2011
Miami, Florida

Traducción: *Patricia Marroquín*
Edición: *María Gallardo*
Diseño interior y cubierta: *Luvagraphics*
Ilustraciones: *José Traghetti*

ISBN: 978-0-8297-5747-7
CATEGORÍA: JUVENIL NO FICCIÓN / General

DEDICATORIA

Este libro está dedicado a mis abuelos, George y Nora Matlock
y Ray y Ruth Albrecht. Ellos eran buenos amigos desde antes
de que mis padres se enamoraran, y ayudaron a fundar la iglesia
donde crecí. ¡No solo han sido esenciales en mi crecimiento
y madurez espirituales, ellos hicieron a MIS padres!

CONTENIDO

AGRADECIMIENTOS

Muchísimas gracias a todos los que han ayudado a hacer de esta serie una realidad: a Chris Lyon, compañero, amigo y escritor; a Randy Southern, por la excelente edición y retroalimentación; a Holly Sharp, por las increíbles portadas; a Roni Meek y Jay Howver de Especialidades Juveniles; y a aquellos otros que no he conocido, que tuvieron que corregir mi ortografía y puntuación. Gracias a todos. Ustedes hacen que sus padres estén orgullosos.

Mi papá y yo habíamos estado trabajando fuera toda la mañana del sábado. Mi padre ama podar árboles y arbustos, y en nuestras tres hectáreas había un montón de árboles y arbustos para cortar.

Este sábado por la mañana en particular, fui reclutado por mi papá para ayudarle... ya sea que me gustara o no. Mi trabajo consistía en llevar carretilla tras carretilla llena de recortes de hierba hasta el contenedor de basura. Los montones me parecían interminables. Y mi padre no tenía ninguna intención de detenerse. Ni falta hace que lo diga, yo estaba cualquier cosa menos emocionado de tener que pasar mi sábado trabajando en el jardín.

Cuando el contenedor de basura estuvo lleno, supuse que habíamos terminado por el día. Así que cuando mi papá se dirigió hacia otro árbol, mi sangre comenzó a hervir. «Vamos a descansar por un momento», sugirió por fin mi padre. Ni bien nos sentamos en la sombra, mi papá comenzó a sermonearme con respecto a mi actitud. Él sabía que yo no estaba feliz, pero sus débiles intentos por alentarme solo alimentaron mi frustración.

Después, algo malo sucedió.

Mi papá comenzó a imitar mis pucheros y quejas, y yo decidí que ya había tenido suficiente. En el calor del momento, hice algo que nunca antes había hecho, y que nunca he vuelto a hacer desde entonces. Le di un puñetazo a mi padre, justo en el pecho.

Él se quedó pasmado. Yo me quedé pasmado. Golpear era inaceptable en mi familia. ¿De dónde vino mi violento arrebato? No me detuve a pensarlo. En lugar de eso, comencé a correr. Y mi padre comenzó a correr detrás de mí.

Mi papá no me había perseguido desde que yo estaba en la escuela primaria, pero recordé que nunca había sido capaz de escaparme de él. Siempre me atrapaba. Sin embargo, las cosas habían cambiado desde entonces. Ahora yo tenía quince años, y mi papá también era mucho mayor. Y estaba en el equipo de atletismo de mi escuela secundaria. Corrí a lo largo de las tres hectáreas de nuestra propiedad hasta el rincón más alejado de nuestra casa. No miré hacia atrás porque temía que si lo hacía, vería el brazo de mi padre estirándose para agarrarme. Pero cuando llegué a la cerca en el fondo de la propiedad, no tuve más remedio que hacerlo. No tenía opción. Así que me di la vuelta y encontré que mi papá... no estaba ni siquiera cerca de mí.

Él estaba como a una hectárea de distancia, encorvado, jadeando y resoplando. Yo había corrido más rápido que mi padre.

A pesar de la gravedad de la situación, no pude evitar sonreír. ¡Había vencido a mi papá!

Toda mi vida, él había ganado todas las competencias que habíamos tenido. Juegos de mesa, tenis, baloncesto... él me ganaba en todo. Sin embargo, por fin, se había dado vuelta el tablero.

Yo le había ganado en algo.

Mi papá permaneció ahí de pie, me sonrió, y me saludó con la mano mientras yo realizaba una pequeña danza de la victoria. Y eso me hizo reconsiderar mi situación... ¿Por qué me había sonreído mi papá? ¿Por qué estaba ahora regresando a la casa? Me senté sobre una montaña de pasto y analicé las circunstancias. Yo había ganado; él había perdido. Pero ahí estaba yo, sentado solo en el campo, ¡mientras que él estaba en la casa! Yo sabía que en algún momento iba a tener que enfrentarlo. No podía quedarme todo el día en el campo... ¿o podía hacerlo?

Mi papá había sonreído porque sabía que tarde o temprano yo tendría que regresar a la casa. Y entonces tendría que enfrentar las consecuencias de mis actos. Aprendí de la forma más dura que en una batalla entre padre e hijo, rara vez hay un claro ganador. Espero, entonces, poder ofrecerte algunas porciones de sabiduría que te ayuden en tu relación con tus padres.

Al viajar por el mundo y hablar con jóvenes en persona (así como también online) escucho mucho acerca de los padres. Y las cosas que escucho no son tan distintas de las cosas que mis amigos y yo decíamos sobre nuestros padres.

«Amo a mis padres, pero...»

«Ellos simplemente no me entienden».

«Ellos piensan que todavía soy un niño».

«No entienden lo que significa ser un adolescente en estos días».

«No soporto la forma en que tratan de controlar todo lo que hago».

«¿Por qué no escuchan lo que les digo?»

«¿Por qué no pueden entender que yo simplemente quiero que me dejen tranquila?»

«¿Por qué tienen que hacer tanto escándalo por todo?»

«¿Y qué tal si ellos están equivocados?»

1

La mayoría de los jóvenes tendrán que enfrentar, en algún momento, tiempos difíciles en la relación con sus padres. Y cuando ocurre un conflicto grave, este puede tener un enorme impacto en tu vida. Puede afectar todas las otras relaciones que tengas y vayas a tener. Te puede hacer dudar. Puede hacer que cuestiones todo lo que pensabas que podías dar por sentado.

Te guste o no, la forma en que trates con tus padres se convertirá en una piedra angular para el resto de tu vida.

A pesar de su importancia, sin embargo, me he dado cuenta de que los jóvenes no están muy interesados en saber cómo llevarse bien con sus padres. Prefieren escuchar más sobre la sabiduría de Dios respecto al sexo y las citas, o las películas y la música, o sobre cómo manejar el dinero.

¿Por qué existe tan poco interés en un tema tan importante o vital como lo es tu principal (y probablemente la más duradera) relación?

Primero que todo, porque la mayoría de los jóvenes creen que se están llevando muy bien con su papá y con su mamá, «muchasgraciasporpreguntar». Recientes encuestas revelan que los adolescentes y sus padres están, en su mayor parte, bastante contentos de estar juntos. A pesar de que la mayoría de los jóvenes atravesará algún tiempo complicado con sus progenitores, casi todos dicen estar bien en un momento dado cuando se les pregunta. Entonces, ¿por qué hablar de arreglar lo que aparentemente no está roto? Para empezar, porque estar «bien» no siempre es lo mismo que vivir sabiamente en relación con nuestros padres... pero hablaremos más sobre esto en un rato.

En la otra cara de la moneda, muchos jóvenes que se encuentran actualmente en un mal momento con mamá.

y papá no quieren oírme hablar sobre la sabiduría de Dios para este tema porque están convencidos de que ya saben lo que voy a decir: «Tus padres tienen razón. Tú estás equivocado. Así que guarda silencio y haz lo que te digan». En realidad, eso no es lo que voy a decir... pero más tarde hablaremos de ese tema también.

Por favor, entiéndeme: Este libro NO trata de que te pongas en la fila y seas un buen soldadito en el ejército de tus padres. NO habla acerca de cambiar tus problemas de conducta en casa. NO se dedica a convencerte de que tu mamá y tu papá tienen la razón en todo. NO está escrito con el propósito de hacerte creer que si tienes problemas con tus padres todo es culpa tuya.

Este libro trata sobre cómo encontrar una vida que importe, aprendiendo a vivir sabiamente. Si has leído alguno de mis otros libros, entonces ya sabrás que soy un apasionado de la sabiduría de Dios. Tú sabes... sabiduría no significa simplemente: «Haz todo lo que dice la Biblia, y estarás bien». Eso es cierto hasta determinado punto, pero la sabiduría implica mucho más que seguir las reglas sin pensar.

Vivimos en una época en la cual las personas tienen mayor acceso a la información que en cualquier otro momento en la historia del planeta. La Internet lo ha cambiado todo. Tú puedes saber lo que haya que saber sobre cualquier tema dado, a cualquier hora, cualquier día. Tu generación se ha vuelto experta en el manejo del constante aluvión de información: hechos, figuras, estadísticas, datos y más datos. Y no todo es inteligencia fría y rígida. También estás constantemente procesando información emocional y relacional. Con sitios web como Facebook y MySpace, puedes cuantificar y organizar a todos tus «amigos» en una página web. Tu mundo es digitalizado, ordenado y ubicable. (Por cierto, si estás en MySpace o en Facebook, búscame, ¡te agregaré como mi amigo!).

La sabiduría no es información. No es conocimiento bruto. La sabiduría es la habilidad de tomar todos los datos, todo el «input», y lograr que tenga cierto sentido. La sabiduría es la habilidad de aferrarse a la información y usarla para tomar buenas decisiones. Decisiones que hagan una diferencia. Reúne la suficiente cantidad de elecciones sabias, y te encontrarás sumergido en una vida digna de ser vivida... en lugar de simplemente flotando en un mar de ideas y posibilidades confusas. Hoy más que nunca, las personas necesitamos sabiduría, y la necesitamos ahora.

Puede que ya hayas adivinado que no estamos hablando sobre la sabiduría Zen. No estamos hablando de la sabiduría de la naturaleza. No estamos hablando de la sabiduría de Wall Street. Yo estoy convencido de que la única fuente de sabiduría que vale la pena es Dios. ¿Por qué? Porque Dios diseñó el universo y todo lo que hay en él. Para poder entender realmente lo que está sucediendo en el mundo, tienes que comenzar con el manual del usuario. Y el único calificado para escribir ese manual (que es la Biblia) es aquel que lo hizo todo en primer lugar. Aprender de la sabiduría de Dios es la clave para entender... todo. Y eso incluye a tus padres. Tú necesitas la sabiduría de Dios para entender cómo es que se supone que funcione tu relación con mamá y papá ahora que ya no eres un niño, pero tampoco eres un adulto. Necesitas la sabiduría de Dios para encontrar la manera de honrar y obedecer a mamá y papá, al mismo tiempo que estás tratando de separarte de ellos. Te sorprenderán algunas de las cosas que yo llamo *sabiduría*. Algunos lectores descubrirán que necesitan escuchar MENOS a sus padres. Algunos descubrirán estrategias extremadamente eficaces para lograr que sus padres les den MÁS libertad. Y unos cuantos se darán cuenta de que pueden utilizar las debilidades más evidentes de sus padres para mejorar las cosas a largo plazo.

Volverte sabio en la relación con mamá y papá será mucho más fácil si puedes lograr cierta empatía (o la habilidad de sentir lo que ellos sienten) con tus padres. Comenzaremos con eso en el próximo capítulo.

CAPÍTULO 2

¡IMAGÍNATE ESO!

Voy a pedirte que hagas algo que puede parecer un poco infantil, pero en realidad es realmente útil. Si estuviéramos juntos en la misma habitación, yo bajaría las luces, tal vez colocaría una música ambiental, y te pediría que cerraras los ojos. Esto podría dificultarte el seguir leyendo este libro, así que tendrás que hacer este ejercicio imaginario con los ojos abiertos.

Piensa en qué lugar de tu vida estás ahora mismo, hoy. ¿Es verano o invierno? ¿Estás en tu habitación? Comienza ahí. Ahora empieza a desplazarte a través de tu futuro (tal como tú lo imaginas), unos meses a la vez. Termina un año escolar, comienza otro. ¿Cómo están tus calificaciones? ¿Practicas algún deporte? ¿Música? ¿Teatro? ¿Trabajas algunas horas? ¿Te gusta el colegio secundario? ¿Lo odias?

Ahora, imagina que estás en el inicio de tu último año escolar, y te sientes muy atraído por alguien del sexo opuesto. Te enamoras de inmediato de esta persona. Lleva un poco de tiempo que esta persona comience a tomarte en cuenta, pero cuando finalmente sucede, están locos el uno por el otro. No puedes imaginarte siendo más feliz. ¿Te estás imaginando eso? Tal vez estés pensando en alguien que ya conoces en este momento. Tal vez estés viendo a una persona que ni siquiera has conocido aún. ¿De qué color es el cabello de esa persona? ¿Qué apariencia tiene? ¿Es una persona divertida? ¿Atlética? ¿Inteligente?

Pasan los meses. Ahora están en la universidad. Están cada vez más unidos. Pasan muchas horas juntos. El resto de tu tiempo incluye un montón de estudio, trabajo, salir con amigos, tal vez ir a la iglesia. Luchas tratando de imaginar qué es lo que harás con tu vida en el futuro. ¿Más estudios? ¿Un trabajo nuevo? ¿Alguna otra cosa? Eres mayor, y tal vez un poco más sabio, pero aún luchas con algunos de los mismos temas que te preocuparon durante la escuela secundaria.

Por otro lado, lo estás pasando increíble viviendo de manera independiente, tomando tus propias decisiones, quedándote despierto hasta la hora que quieres y enriqueciendo tu vida con todo lo que piensas que es divertido, significativo y que vale la pena hacer.

Sin embargo, siempre vuelves a esa persona de la que estás enamorado. A veces pelean, pero eso es porque a los dos les interesa mucho la relación. Finalmente, ambos se dan cuenta de que quieren pasar el resto de sus vidas juntos. Después de algo de romance y más que suficiente dramatismo, ambos se encuentran de pie en una iglesia, frente a frente, mirándose a los ojos y diciendo: «Sí, acepto».

Al igual que todas las parejas de recién casados, ustedes pronto descubren dos hechos innegables: La vida juntos es grandiosa, y la vida juntos es realmente dura. A veces pelean por cosas estúpidas y te das cuenta, de una nueva forma, de cuán egoísta eres... y cuan egoísta es tu conyugue. Ustedes *desean* tomar las decisiones correctas, pero no siempre lo hacen. Además tienen que trabajar, tal vez estudiar, limpiar el baño, y ver qué es lo que van a comer y cuánto van a gastar. Pasan momentos increíbles que nunca olvidarán, pero también tienen algunas cosas importantes en la vida y en su relación que al parecer no pueden superar.

Ahora quiero que pienses en el lugar donde vives. No es la casa de tus sueños. (Todavía eres demasiado joven para eso). Puede que sea un departamento. Puede que sea un lugarcito que no esté ubicado en la mejor parte de la ciudad.

Ahora piensa en algunos de tus amigos. (Estoy hablando de tus amigos actuales). Piensa en cómo serán dentro de varios años a partir de ahora. También han crecido y viven por su cuenta. Algunos están casados. Puede que un par de ellos ya estén divorciados. Algunos están empezando a tener hijos.

Algunos de tus amigos siguen tomando muy malas decisiones. Aún los quieres mucho, pero tienen una tendencia a decepcionar a las personas. No parecen mucho más sabios de lo que eran años atrás (cuando tenían la edad que tienen ahora). A otros amigos les va mejor. ¿A qué amigos te imaginas en el futuro viviendo sabiamente? ¿Cuáles no están viviendo tan sabiamente? ¿Por qué? (Nota al margen: Puede que realmente te sorprendas por quién terminará dónde en diez años más).

Volvamos a ti. Realmente quieres ser feliz, llevarte bien con tu cónyuge, y tomar buenas decisiones respecto al dinero, el tiempo y el trabajo. Y lo haces (la mayor parte del tiempo), pero es difícil. Después, un día te enteras de que van a tener un bebé. Es emocionante. Pasan mucho tiempo escogiendo nombres e imaginando cómo harán para que sus vidas funcionen con la llegada de un recién nacido.

El día que nace el niño, sucede algo que tú nunca esperaste. Tienes una respuesta emocional increíblemente poderosa hacia el bebé. Al instante sientes una unión que es como una especie de abrumador super pegamento emocional. De inmediato sabes que harías cualquier cosa para mantener a ese niño seguro. Morirías por ese bebé sin pensarlo dos veces. Estoy hablando de un vínculo espiritual, biológico y emocional inquebrantable. Has escuchado a las personas hablar de eso antes, pero nunca pensaste que te pasaría a ti. (En esto, simplemente tendrás que creer en mi palabra). De pronto te das cuenta de que estás riendo más. Te sientes alegre con más frecuencia. Tener a este niño en tu familia realmente te hace feliz. Pero ese intenso amor no es suficiente para hacer la vida fácil. Ahora todo debe cambiar. Ya sea tú o tu cónyuge tendrán que dejar de trabajar, trabajar menos, o encontrar a alguien para cuidar al bebé mientras ustedes dos trabajan.

Siempre estás preocupado porque el bebé pueda hacerse daño, o porque no coma o no duerma bien. Tienes menos tiempo para estar con tu cónyuge. Hay mucho menos romance y sexo en su relación porque los dos están muy ocupados y cansados. A veces tu amor por el bebé se mezcla con el enojo que sientes por la forma en que toda tu vida gira ahora casi por completo en torno a tu hijo. Estás increíblemente orgulloso de este niño... pero también más estresado de lo que jamás has estado.

A medida que el bebé crece, continúas preocupándote: *¿Estoy trabajando demasiado? ¿Podremos tener suficiente dinero para mantener a nuestra familia? ¿Estará nuestro hijo asistiendo a una escuela lo suficientemente buena? ¿Estará mirando demasiada televisión? ¿Estará haciendo suficiente ejercicio?* Cuando llegan más hijos, el proceso comienza otra vez. A veces ni te interesan demasiado las decisiones que tienes que tomar respecto a horarios para ir a la cama y darse un baño, ropa y alimentos. Pero alguien tiene que tomarlas. Así que empleas tu mejor juicio, y simplemente esperas que resulte todo bien.

Te enojas cuando tu hijo no te escucha, sobre todo porque sabes lo duro que estás trabajando, haciendo lo mejor que puedes para él o ella. Pero también sabes que todos los niños son así. Tú no quieres ser un dictador, pero quieres que tu hijo aprenda a tomar buenas decisiones. Te sientes como si siempre estuvieras tratando de encontrar el equilibrio entre ser demasiado estricto y demasiado flexible.

Ahora tus hijos son adolescentes, y el conflicto se convierte en una forma de vida. Puedes recordar algunas cosas de cuando tenías esa edad (la edad que tienes ahora mismo). Y puedes recordar cómo eran tus padres en ese tiempo. Quieres hacer las cosas mejor de lo que tus padres las hicieron, pero temes estar haciéndolas peor. Aun tienes el instinto de superpegamento para proteger a tus hijos, pero sabes que debes ir soltándolos cada día un poco más.

¿Comienzas a darte cuenta de lo parecidos que son tus padres a ti? En muchos sentidos, ellos son adolescentes ya creciditos que están haciendo su mejor esfuerzo, pero que también se dan cuenta de que están muy lejos de la perfección. Ellos no han tenido un entrenamiento especial, y no tienen experiencia en la crianza de los hijos. Son solo personas normales que esperan haber hecho las cosas bien... y anhelan aun más que sus hijos aprendan a vivir de manera sabia en un mundo realmente complicado.

El objetivo de este ejercicio de imaginación NO es que sientas lástima de tus padres, ni convencerte para que los coloques sobre un pedestal. Yo sé que algunos jóvenes que están leyendo este libro tienen padres que han sido abusivos o que se han alejado de sus familias. Algunos padres responden a las presiones de la vida en formas muy destructivas. E incluso aquellos que resultan ser muy buenos padres a veces toman decisiones dolorosas en el camino. Sin embargo, nuestro pequeño ejercicio visual representa las experiencias de muchos padres. Como jóvenes, no solemos pensar en nuestros papás como personas comunes que están luchando. Pero esto es realmente útil para que te des cuenta de que tus padres, sean quienes sean y estén como estén ahora, comenzaron el camino de la paternidad desde el mismo lugar de la vida en el que te encuentras tú hoy.

Es probable que no hayan sido más inteligentes ni más tontos de lo que tú eres ahora. Y también es probable que no hayan recibido ninguna formación más especial acerca de cómo ser un padre de la que tú recibirás de aquí al momento en que tengas tu primer hijo.

Construir una relación sabia con tus padres comienza con verlos no *tan solo* como las personas que dirigen tu vida y cuidan de ti. Comienza con darte cuenta de que son personas tal como tú.

Lo próximo que tienes que hacer es entender lo que Dios les ha indicado a tu papá y a tu mamá que deben hacer como padres. Es un trabajo más duro de lo que probablemente te imagines.

CAPÍTULO 3

LO QUE DIOS LES DICE A LOS PADRES QUE DEBEN HACER

La mayoría de los niños tienen una perspectiva limitada en lo que respecta a sus padres, y es difícil para ellos ser objetivos. Después de todo, durante los primeros años de vida, la relación de un niño con sus padres es completamente unilateral. Mamá y papá hacen literalmente todo por sus hijos: cambiar sus pañales, ayudarlos a irse a dormir, poner comida en sus bocas, y vigilarlos constantemente, atentos a los signos de enfermedad.

A medida que los niños crecen un poco, es natural que ellos idolatren a sus padres. Los padres son los que proveen para cada necesidad en la vida de los niños. Y cuando los niños tienen la edad suficiente como para comenzar a desear cosas que pueden no ser buenas para ellos, los padres deciden lo que es permitido y lo que no. En los primeros años, mamá y papá son las máximas autoridades de todo el universo.

Tan completa dependencia plantea una pregunta interesante: ¿Quién, en todo el mundo, está calificado como para tomar tantas decisiones vitales en la vida de otra persona? La verdad es que nadie está perfectamente calificado, porque nadie es perfecto. Por eso es que resulta seguro decir que en algún momento todos los padres le fallan a su hijo en algún grado. Es simplemente un hecho de la vida. Los padres son personas, y las personas no son perfectas.

Tengo varios amigos que han adoptado niños, y la mayoría de los estados requieren que los futuros padres adoptivos cumplan con varias calificaciones antes de que la adopción esté terminada. A menudo tienen que tomar clases de primeros auxilios, RCP (Resucitación Cardio Pulmonar), habilidades de crianza, nutrición y otros elementos imprescindibles para la crianza de un infante. Algunos aspirantes a padres incluso tienen que rendir exámenes. También tienen que demostrarle a un trabajador social que tienen un hogar seguro y saludable para criar al niño.

Por supuesto que es una buena idea que el estado proteja a los bebés, asegurándose de que los padres adoptivos estén calificados.

Sin embargo, lo que para mí es interesante es que ningún padre o madre biológico debe tomar clases o pasar ningún examen. Cualquiera, después de la pubertad, puede convertirse en un papá o una mamá en cualquier momento... sin importar qué clase de persona sea. Para que uno pueda conducir un auto, o poseer un arma, o salir del país, primero debe estar acreditado por las autoridades o el gobierno. Sin embargo, para criar a un ser humano desde cero, no se requiere ninguna licencia.

En el esquema general, esto es algo bueno. No quisiera que el gobierno decidiera a quién se le permitirá criar a sus propios bebés. Pero me gustaría que algunos padres tomaran su trabajo un poco más en serio. Así lo hace Dios. Él ha dado en su Palabra varias y muy específicas instrucciones para los padres. Si tus padres toman en serio la Palabra de Dios, entonces probablemente habrás notado que ellos tratan de seguir estas instrucciones. Pero no siempre es algo fácil de hacer. Vamos a ver algunos de los requisitos de Dios para los padres...

AMA A DIOS Y A LOS DEMÁS

Las primeras instrucciones de Dios para los padres son los dos mandamientos que nos ha dado a todos:

«"Ama al Señor tu Dios con todo tu corazón, con todo tu ser, con todas tus fuerzas y con toda tu mente", y: "Ama a tu prójimo como a ti mismo"» (Lucas 10:27).

Ser un buen padre comienza con estar en una relación correcta con Dios el Padre. Eso solo puede suceder en las vidas de aquellos que han confiado en Jesús para el perdón de sus pecados y para pasar la eternidad en el cielo con él. E incluso así, es un desafío para los creyentes el amar a Dios con toda nuestra vida y amar a nuestro «prójimo» (a todos aquellos que Dios pone en nuestro camino) como nos amamos a nosotros mismos.

Eso no significa que todos los que no son cristianos sean unos padres espantosos. Los padres incrédulos pueden ser personas sabias y proporcionar a sus hijos un buen comienzo en la vida. Sin embargo, lo que no pueden hacer es dirigir a sus hijos hacia la Fuente de toda sabiduría, aprendiendo a vivir una vida como la de Cristo frente a sus hijos.

Si tienes padres cristianos que realmente desean vivir para Dios, entonces agradece a tu Padre que está en los cielos por ese regalo. Si no es así, entonces agradece a Dios porque igualmente él «nos ha concedido todas las cosas que necesitamos para vivir como Dios manda» (2 Pedro 1:3).

ESPOSOS Y ESPOSAS

El siguiente mandamiento de Dios para los padres tampoco tiene nada que ver con sus hijos. Las instrucciones de Dios para las mamás tienen que ver, en primer lugar, con su rol de esposas hacia sus maridos... y lo mismo (pero al revés) para los hombres.

«Esposas, sométanse a sus propios esposos como al Señor. Porque el esposo es cabeza de su esposa, así como Cristo es cabeza y salvador de la iglesia, la cual es su cuerpo. Así como la iglesia se somete a Cristo, también las esposas deben someterse a sus esposos en todo. Esposos, amen a sus esposas, así como Cristo amó a la iglesia y se entregó por ella» (Efesios 5:22-25).

Dios se interesa profundamente por cómo viven juntos los padres. De hecho, Dios diseñó al matrimonio como un retrato de su inmenso amor por nosotros en Jesús. Los esposos han de entregarse incondicionalmente a sus esposas, como lo hizo Jesús por todos nosotros. Y las esposas deben someterse y respetar incondicionalmente a sus maridos, como nosotros (la iglesia) deberíamos hacerlo con Jesús.

La forma en que esto funciona en la vida real es a menudo muy desordenada, complicada y dolorosa.

Obedecer estos mandamientos es difícil, lo veas por donde lo veas. Aun así, esos versículos son parte de las instrucciones de Dios para los padres. Los buenos padres están aprendiendo a amar a sus esposas sin ningún tipo de condiciones. Las buenas madres están aprendiendo a respetar a sus maridos imperfectos. Al hacer esto, ambos padres están ayudando a sus hijos a ver el plan de Dios para nuestra eternidad con él.

¿Significa esto que si tus padres están divorciados (o si uno de ellos no es obediente a estos mandamientos) entonces no pueden ser buenos padres? No necesariamente, pero por alguna razón esto es parte de las instrucciones de Dios para los hombres y mujeres cristianos. Es el plan de Dios para las familias, incluyendo a tu familia.

Si tus padres son creyentes que están tratando de seguir esos mandamientos para ser esposos y esposas piadosos, entonces da gracias a Dios porque lo sean y por cómo sus esfuerzos están beneficiando tu vida. Si ese no es el caso en tu hogar, entonces agradécele a Dios por ofrecerse a ser tu Padre eterno.

ENSEÑA A TUS HIJOS

Ahora hemos llegado a algunas de las cosas que Dios manda hacer a tus padres en su relación contigo. Y esta es una de las más importantes: Su trabajo es enseñarte acerca de Dios y su Palabra.

Esto es lo que Dios les dijo a los israelitas después de prometer bendecir a su nación siempre y cuando lo siguieran:

«Grábense estas palabras en el corazón y en la mente; átenlas en sus manos como un signo, y llévenlas en su frente como una marca. Enséñenselas a sus hijos y repítanselas cuando estén en su casa y cuando anden por el camino, cuando se acuesten y cuando se levanten; escríbanlas en los postes de su casa y en los portones de sus ciudades. Así, mientras existan los cielos sobre la tierra, ustedes y sus descendientes prolongarán su vida sobre la tierra que el Señor juró a los antepasados de ustedes que les daría» (Deuteronomio 11:18-21).

La promesa que Dios hizo a Israel fue condicional. «Persiste en seguirme», dijo Dios, «y seguiré bendiciéndote. Deja de seguirme, ignorando mi ley o adorando a otros dioses, y te disciplinaré con dureza». Cuando Dios hizo esa promesa, estaba prestándole atención toda una generación de israelitas. Y Dios les dio la tarea de transmitir estas enseñanzas a sus hijos.

Muchas generaciones de israelitas fracasaron en esta tarea. No enseñaron bien a sus hijos, y sus hijos ignoraron a Dios. Así que Dios cumplió su promesa y los disciplinó, permitiendo que otras naciones los derrotaran. Con el tiempo, otra generación se volvería a Dios y otra vez serían bendecidos por él. Sin embargo, inevitablemente en algún momento alguna generación fracasaría en enseñar a la siguiente, lo que traería más juicio y más dolor.

Nosotros NO vivimos ahora bajo una promesa condicional de Dios. Aquellos de nosotros que hemos confiado en Jesús, tenemos el perdón de los pecados. Tenemos garantizado un hogar en el cielo. Pero aun así, Dios quiere que los padres enseñen a sus hijos sobre él. Ese es el trabajo de las mamás y de los papás: mostrar a sus hijos lo que significa seguir a Dios y ayudar a sus hijos a entender la Palabra de Dios.

Para hacer esto, los padres tienen que hablar de Dios y de su Palabra todo el tiempo, como parte de su vida diaria... al estar sentados en la casa o en el auto, al irse a la cama y al levantarse por la mañana. La idea de Dios fue que los padres hagan que su Palabra sea parte de la conversación cotidiana de la familia.

Él lo dice nuevamente en Proverbios: «Instruye al niño en el camino correcto, y aun en su vejez no lo abandonará» (Proverbios 22:6).

Y otra vez en el Nuevo Testamento: «Críenlos según la disciplina e instrucción del Señor» (Efesios 6:4).

Es un trabajo muy grande. Si tus padres están tratando de obedecer a Dios enseñándote su Palabra, entonces puedes dar gracias a Dios por su disposición para hacerlo.

DISCIPLINA A TUS HIJOS

A ninguno de nosotros nos gusta ser castigados o disciplinados. No nos gusta que nos digan: «No». No nos gusta el dolor de una nalgada cuando somos más chicos, o que nos castiguen sin permitirnos salir cuando ya estamos más grandes. No nos gusta perder acceso a nuestro teléfono, a la Internet, a los videojuegos o al auto cuando mamá o papá se enojan por algo.

Y, aunque tal vez no lo sepas, a la mayoría de los padres no les gusta disciplinar a sus hijos tampoco. No es divertido. De hecho, puede sentirse realmente feo el tener que hacer cumplir una regla o aplicar un castigo apropiado luego de un mal comportamiento. Entonces, ¿por qué lo hacemos?

Existen dos razones. En primer lugar, los cristianos lo hacemos porque la Palabra de Dios nos dice que lo hagamos. En segundo lugar, la mayoría de los padres (cristianos o no) disciplinan a sus hijos porque se entiende, en la mayor parte del mundo, que los niños necesitan disciplina para saber cómo vivir mejor. No disciplinar a nuestros hijos sería una tontería, una imprudencia y algo potencialmente dañino.

Mira estos proverbios tomados del libro clave de la sabiduría en la Biblia:

«No corregir al hijo es no quererlo; amarlo es disciplinarlo» (Proverbios 13.24).

«Corrige a tu hijo mientras aún hay esperanza; no te hagas cómplice de su muerte» (Proverbios 19.18).

Esos son el tipo de versículos que mantienen despiertos a los padres en la noche. *¿Quieres decir que si no le doy unas nalgadas a mi hijo, entonces lo odio? ¿Si no disciplino a mi hijo adolescente, entonces estoy siendo partícipe de su destrucción?*

Dios les da a los padres la enorme responsabilidad de emplear consecuencias dolorosas en las vidas de sus hijos para enseñar la diferencia entre el bien y el mal y para ayudar a sus hijos a que aprendan a tomar buenas decisiones.

En el calor del momento, es realmente difícil para los hijos ver la disciplina como un acto de amor. Y, honestamente, a algunos padres se les pasa la mano. Podemos ser demasiado estrictos. Podemos causar mucho daño. Pero la mayoría de los padres disciplinan por amor y para el bien de sus hijos. Si los tuyos lo hacen, entonces da gracias a Dios por eso. Como veremos más adelante en este libro, Dios también disciplina a sus hijos.

PADRES: NO HAGAN ENOJAR A SUS HIJOS

Esto último es algo difícil.

«Y ustedes, padres, no hagan enojar a sus hijos, sino críenlos según la disciplina e instrucción del Señor» (Efesios 6:4).

«Padres, no exasperen a sus hijos, no sea que se desanimen» (Colosenses 3:21).

¿Por qué se les manda específicamente a los padres a no hacer enojar y a no exasperar (enfurecer) a sus hijos para que no se desanimen (o amarguen, o resientan)? Parte del problema es que resulta difícil conocer con exactitud qué es lo que estos dos versículos significan... y parte del problema es que muchos padres los desobedecen. Pero la idea general parece hacerse eco de aquella vieja filosofía del Hombre Araña: «Un gran poder conlleva una gran responsabilidad».

En ambos pasajes, al mandamiento le precede una instrucción para los hijos: «Hijos, obedezcan a sus padres en todo, porque esto agrada al Señor». (Colosenses 3:20). Ese mandamiento para ti les da mucho poder a tus padres, especialmente a tu papá, que por lo general se supone es la máxima autoridad en la familia.

Pareciera entonces que Pablo está advirtiéndoles a los papás que es muy fácil abusar de su poder. Ya sea por ser injustos, o demasiado estrictos, o por hipócritas, o hipercríticos, o mezquinos con su aprobación, los padres tienen el poder para hacer enojar a sus hijos.

La idea es que se supone que papá discipline con un espíritu de amor. Se supone que él ame a su esposa como Jesús ama a su iglesia, y que ame a sus propios hijos como Dios lo ama a él. Si en este momento sientes resentimiento hacia tu papá, entonces te será fácil señalar sus fracasos en esta área. Si te sientes, en cambio, un poco más bondadoso, entonces espero que puedas ver lo duro que es el trabajo de la paternidad. Dios le dice a tu papá: «Emplea tu autoridad en la vida de tu hijo para disciplinarlo... pero no abuses de ella, transformando a tu hijo en una persona enojada. Encuentra el equilibrio».

Llegando al final de este capítulo, puede que te estés preguntando: ¿Qué sentido tiene leer sobre los mandamientos de Dios hacia los padres? Buena pregunta. En primer lugar, quería darte una pequeña muestra de lo dura que es la crianza de los hijos... especialmente para los padres que están tratando de hacerlo de acuerdo al plan de Dios. Si a veces tus papás te andan sermoneando demasiado, o se muestran demasiado estrictos o regañones, eso podría deberse a que están tratando de cumplir con un estándar de paternidad muy alto.

En segundo lugar, no creo que realmente puedas construir una relación sabia con alguien hasta no saber cuál se supone que debe ser su parte en esa relación.

En tercer lugar, creo que es justo que entiendas lo mucho que Dios requiere de tus padres antes de que empecemos a hablar de lo mucho que Dios pide de ti en la relación padre-hijo. Ayuda el saber que cada uno está llamado a hacer su parte.

CAPÍTULO 4

LO QUE DIOS LES DICE A LOS HIJOS QUE DEBEN HACER

Si leíste el capítulo anterior, entonces ya sabes que Dios espera (algunos dirían «exige») bastante de los padres. Él los instruye para que edifiquen buenos matrimonios, para que enseñen a sus hijos sobre la Biblia, y para que encuentren el equilibrio entre una disciplina que salva vidas y un abuso de la autoridad que generaría resentimiento. Es un trabajo duro, y nadie es perfecto en él.

La siguiente pregunta es: ¿Qué es lo que Dios espera de los hijos? La Biblia fue escrita mucho antes de que existiera el concepto de «adolescencia». En la cultura judía de los tiempos del Nuevo Testamento, los chicos se acercaban a la adultez alrededor de los trece años de edad. En los tiempos bíblicos, era perfectamente normal encontrar a una chica adolescente casada y teniendo bebés, así como a muchachos adolescentes que ya hubiesen invertido algunos años en una carrera o un oficio para toda la vida.

Obviamente, nuestra cultura de hoy tiene expectativas muy distintas para las personas de entre trece y dieciocho años de edad. Como dijo la señorita Britney Spears de manera tan elocuente algunos años atrás: «Yo no soy una niña, ni tampoco una mujer». En estos días los adolescentes no suelen ser tratados como niños, pero aún no se les han dado los derechos y responsabilidades de los adultos.

Algunos adolescentes ven los mandamientos Bíblicos para los «hijos» y asumen que ya no deben aplicarlos. «Después de todo, ya no soy un niño», razonan... pero resulta que están equivocados. Aunque yo nunca me referiría a un adolescente como un "niño", la Palabra de Dios nos enseña que todos estamos bajo la autoridad de alguien más. Cuando Dios les da instrucciones a los hijos, Dios le está hablando directamente a cualquiera que siga viviendo en su casa y bajo la autoridad de sus padres. Hasta que hayan empacado todas sus pertenencias y se muden fuera de casa, y eso incluso incluye a los adolescentes mayores.

No deberíamos sentirnos tan mal por eso. Dios se refiere a las personas de todas las edades como sus hijos. A menudo los israelitas son llamados «hijos de Israel». Y los escritores del Nuevo Testamento se refieren a los hombres adultos y a las mujeres por los cuales ellos se preocupan como «amados hijos». De modo que no es un insulto ser llamado «hijo» mientras estás esperando que llegue el momento adecuado para salir de la casa de tus padres y comenzar a vivir una vida independiente.

OBEDECER NO ES SOLO UNA PALABRA DE OCHO LETRAS

¿Y qué es lo que Dios requiere de los hijos entonces? Él hace un mandato muy específico a través de la pluma del apóstol Pablo. Y después lo repite en otro libro de la Biblia. Aquí tienes ambas citas:

«Hijos, obedezcan en el Señor a sus padres, porque esto es justo. "Honra a tu padre y a tu madre-que es el primer mandamiento con promesa-para que te vaya bien y disfrutes de una larga vida en la tierra"» (Efesios 6.1-3).

«Hijos, obedezcan a sus padres en todo, porque esto agrada al Señor» (Colosenses 3.20).

Hablando literalmente, *obedecer* es solo una palabra de ocho letras. Y he observado que algunas personas creen que es una palabra más fea que aquellas que mágicamente convierten una película apta para todo público en una película prohibida para menores de trece años. De hecho, he escuchado gente que intentaba evitar el uso de la palabra *obedecer* como si fuera una mala palabra por temor a que alguien se enoje.

En nuestra cultura la idea de la obediencia realmente ofende a algunas personas. ¡Cómo nos atrevemos a sugerir que una persona tiene que hacer algo que él o ella no quiere, simplemente porque alguien con autoridad lo dijo! A muy pocas personas les gusta la idea de someterse a la autoridad. Somos muy sensibles respecto a quién tiene derecho a decirnos qué hacer y quién no. Todo el mundo le ha dicho alguna vez a su hermano o hermana mayor las palabras que se repiten en la canción de la famosa serie de TV sobre el adolescente Malcolm: «¡Tú no eres mi jefe!».

Por supuesto, el decir estas palabras implica que alguien sí es mi jefe. Para algunos jóvenes que he conocido, esa idea es demasiado fuerte. Incluso cuando están de acuerdo con las instrucciones de sus padres, les molesta hacer lo que les han dicho. A ellos la obediencia realmente les provoca un sufrimiento emocional.

Pero la idea de estar bajo la autoridad de otros seres humanos es la forma en que Dios diseñó que funcionara el mundo... y el diseño de Dios siempre tiene sentido. Analicemos qué es exactamente lo que Dios nos está pidiendo que hagamos, y tratemos de entender por qué.

OBEDECEMOS A DIOS PRIMERO

Observa, ante todo, que este asunto de la obediencia es un mandato de Dios. El mayor problema de no obedecer a mamá y papá no es que estemos siendo «malos» con ellos. El mayor problema es que estamos desobedeciendo a Dios. Él es quien nos dice que obedezcamos a nuestros padres.

No sé a ti, pero a mí eso me ayuda mucho. ¿Por qué? Porque sé sin lugar a dudas que Dios me ama profundamente. Nadie más ha dado a un hijo suyo para que muera por mí. Nadie más ha perdonado todos mis pecados (incluidas todas las veces que he desobedecido a mis padres). Nadie me amará jamás de la manera en que Dios lo hace. Y por todo lo que Dios ha hecho por mí, me resulta más fácil obedecerle.

Creo que eso es lo que significa «obedezcan en el Señor a sus padres». No significa que solo debamos obedecer a los padres que están «en el Señor». Significa que obedecemos a nuestros padres porque nosotros estamos «en el Señor», es decir, porque lo hacemos para Dios.

OBEDECER A NUESTROS PADRES HACE FELIZ A DIOS

En Efesios 6, Pablo dice que nosotros obedecemos a mamá y papá porque es lo «justo». En Colosenses 3, nos dice que eso «agrada al Señor». Esto también me ayuda en algo. No obedezco solo porque «Dios lo dice». Obedezco porque eso realmente hace feliz a Dios. Lo complace. No sé de muchas cosas que pueda hacer yo solito para complacer al Dios del universo. Sin embargo, sería un honor el poder hacerlo, y esta es una forma en que puedo.

Me recuerda ese versículo en Hebreos que dice: «En realidad, sin fe es imposible agradar a Dios» (11:6). Obedecer a tus padres es una forma de agradar a Dios porque es un acto de fe. A veces simplemente no queremos obedecer a nuestros padres. En otros momentos, pareciera no tener sentido obedecerlos. Pero cuando decidimos hacerlo de todos modos, estamos demostrando que en realidad creemos que Dios es digno de confianza.

«Creo que mis padres están equivocados (o que son demasiado estrictos, o hirientes, o que les gusta demasiado ejercer su poder), pero amo a Dios. Tengo que creer que Dios está en lo correcto cuando me pide que los obedezca. En esto aceptaré su Palabra. Voy a confiar en él, incluso aunque no pueda ver que mis padres lo merezcan». Eso es fe... y Dios disfruta viéndola crecer en ti.

OBEDECER A NUESTROS PADRES NO SE BASA EN EL MÉRITO

Al igual que cada hijo, cada padre falla algunas veces. Si bien la mayoría de los padres aman profundamente a sus hijos todo el tiempo, aun así pueden ser egoístas, pecadores, hirientes, crueles, negligentes y descuidados. Algunos padres son mejores que otros al dar amor y atención a sus hijos. ¿Qué pasa si los tuyos nunca serán dignos de un cuadro de honor? ¿Te da eso alguna escapatoria en todo este asunto de la obediencia?

No realmente. El mandamiento de Dios a obedecer es incondicional. Dios no incluye ninguna estipulación en cuanto a si es válido o no si tus padres son creyentes, si son amables, o si han tenido un mal día (o una mala década). Él tampoco lo limita diciendo: «Obedece siempre y cuando creas que tus padres al menos están tratando de hacer lo correcto». Al saber que Dios no hace excepciones, me resulta un poco más fácil obedecer.

Aunque es difícil obedecer a aquellas autoridades que no merecen mi respeto, mi obediencia, en última instancia, no tiene nada que ver con ellos. Tiene que ver con mi amor por Dios. En el cuadro general, no importa qué tipo de personas sean mi mamá y mi papá.

Está bien, hay una excepción. A veces recibo correos electrónicos de jóvenes que me preguntan sobre padres que les dicen que hagan cosas malas. Cosas pecaminosas. Cosas que van en contra de lo que Dios les ha dicho en su Palabra que deben hacer. En esos casos, creo que la Palabra de Dios es clara en que primero debemos obedecerlo a él, porque estamos «en el Señor». Así que esta puede ser la salida si tus padres te piden que mientas, que robes, o que ignores la Palabra de Dios en otras maneras. Sin embargo, para ser honestos, estas situaciones son muy poco frecuentes.

Así que la Palabra de Dios es bastante precisa sobre este asunto de la obediencia. Trataremos un poco más sobre los detalles de cómo llevarse bien con los padres más adelante en este libro. Pero en el siguiente capítulo daremos un rápido vistazo a la otra mitad de estos mandamientos para los «hijos».

HONOR SABIO Y OBSTINADO

Eran las 7:53 P.M. y estábamos encerrados afuera de la casa. ¡Pero «Los Magníficos» (también conocidos como «Brigada A») estaban por comenzar en siete minutos!

Para mis hermanos y para mí, el martes por la noche era la noche de iglesia. Yo tenía estudio bíblico con los otros chicos de escuela secundaria, y mis hermanos tenían su grupo de exploradores de la iglesia (o algo así). Después de la iglesia un amigo de la familia nos llevaba a casa, y al llegar corríamos adentro para ver en la televisión nuestra serie favorita de todos los tiempos.

Para mis padres, la noche del martes era la noche libre. No estoy seguro de qué era lo que hacían mientras salíamos. Pero esa noche en particular, no estaban en casa cuando llegamos. Una nota pegada a la puerta principal decía:

> *Mark,*
>   *Volveremos tarde. Asegúrate de alimentar al conejo de Jonathan mientras esperan.*
>
>   *Con amor,*
>   *Mamá y papá*

¡Yo estaba furioso! ¿Acaso no sabían que Mr. T y Los Magníficos comenzaban pronto? ¿Cómo podían dejarnos afuera en el frío mientras se paseaban por la ciudad como si fueran personas casadas sin hijos?

Rompí la nota de la puerta y me senté en el jardín. Josh, Jeremy y Jonathan se me unieron. Parecía que todo lo que le importaba a mi papá era que alimentara al conejo de Jonathan, ¡lo cual había hecho Jonathan antes de salir!

Yo estaba muy molesto con mis padres. Mis hermanos estaban enojados también. Josh y Jeremy tenían que hacer tareas; Jonathan solo estaba enojado porque nosotros lo estábamos.

Ahora eran las 8:30 P.M. y Los Magníficos, la serie más increíble de la tierra, ya iba por la mitad.

Tome un bate de béisbol y comencé a golpear un árbol. ¿Cómo podían ser tan maleducados mis padres? Josh y Jeremy estaban buscando por todo alrededor de la casa alguna puerta o ventana abierta. Todo estaba bien cerrado.

Finalmente, a las 9:30 P.M., estacionó en la puerta el automóvil de mis padres. Cuatro enojados chicos Matlock salieron corriendo y les saltaron encima. Mientras los cuatro les expresábamos con bastante claridad nuestro descontento, mi papá me preguntó si había alimentado al conejo. Le dije que no, y después le recordé que Jonathan lo había hecho antes de irnos a la iglesia.

Mi papá entonces nos llevó hasta donde estaba el alimento para conejos. Allí, pegada a la bolsa, estaba la llave de la casa.

«¿Qué querías que hiciera, Marcos?», preguntó mi padre en un tono calmado. «¿Querías que te dejara una nota diciendo que la llave estaba pegada a la comida del conejo, para que así cualquiera que leyera la nota pudiera encontrarla?».

Si hubiera honrado a mi papá, mi noche hubiera sido mucho más feliz. En cambio, fui un tonto digno de la lástima de Mr. T. (Verás, esta es una broma para la gente que ha visto Los Magníficos. Mr. T siempre decía: «¡Lo siento por el tonto!». Realmente no estoy seguro de por qué, ahora que lo pienso. Yo solo sabía que él era genial).

En lugar de honrar a mi padre siguiendo sus instrucciones, me precipité a sacar la conclusión de que él simplemente no entendía nada. Él no entendía que el conejo ya había sido.

alimentado. Así que decidí que su instrucción no tenía valor. Pero si me hubiera detenido a recordar que por lo general papá hacía un buen trabajo al proveer para nosotros y darnos instrucciones que valían la pena, lo hubiera honrado honrando su nota. Y esa hubiera sido, literalmente, la llave para mi «magnífica felicidad».

Ya vimos en el capítulo anterior que el quinto de los Diez Mandamientos era «el primer mandamiento con promesa». Aquí está directamente de Éxodo 20:12:

«Honra a tu padre y a tu madre, para que disfrutes de una larga vida en la tierra que te da el Señor tu Dios».

Puesto que Pablo lo repite en Efesios 6:1-3, y Salomón lo enfatiza en Proverbios, todavía nos aferramos a la idea de que honrar a nuestros padres nos conduce a vivir una vida más larga y más sabia.

Eso tiene sentido, ¿verdad? No estoy diciendo que los padres siempre tengan la razón. De hecho, algunas veces también pueden ser egoístas, demasiado estrictos, o muy indulgentes. ¿Y qué? ¿Cuáles otras dos personas en el universo han tomado como su trabajo el amarte, el cuidar de ti, y el invertir sus vidas en tu propio bien? Eso es lo que los padres hacen.

Pero como lo han estado haciendo durante tanto tiempo, a veces damos por sentado su trabajo. Es parte de la naturaleza humana que ignoremos las cosas que ellos hacen bien y con buenos motivos el ochenta por ciento del tiempo (¡o más!) y que en cambio estemos atentos a cualquier cosa en la que puedan meter la pata. Para seguir honrando a tu mamá y a tu papá (incluso cuando no los entiendas), necesitarás sabiduría y una obstinada negativa a caer en la tentación de deshonrarlos.

CÓMO HONRAR A TUS PADRES

Digamos que has abrazado la idea de que honrar a tus padres tiene sentido porque Dios lo manda... y porque conduce a una vida más larga y agradable. ¿Pero qué significa honrar a tus padres? Extraigamos algunos consejos sabios de Proverbios:

PRESTA ATENCIÓN CUANDO HABLAN

«Hijo mío, escucha las correcciones de tu padre y no abandones las enseñanzas de tu madre» (Proverbios 1.8).

«Escuchen, hijos, la corrección de un padre; dispónganse a adquirir inteligencia» (Proverbios 4.1).

«El hijo sabio atiende a la corrección de su padre, pero el insolente no hace caso a la reprensión» (Proverbios 13.1).

«Escucha a tu padre, que te engendró, y no desprecies a tu madre cuando sea anciana» (Proverbios 23.22).

Yo añadiría a este último que probablemente es mejor que no le menciones a tu madre que ya es anciana. Pero ese no es el punto. ¿Observaste un tema común en estos cuatro versículos?

Salomón escribe muchos de sus proverbios desde la perspectiva de un padre que ofrece asesoramiento urgente y esencial para sus hijos. Él está desesperado por ayudarlos a que aprendan de su experiencia y sabiduría. Quiere asegurarse de que no se pierdan de vivir una vida que realmente importe. Pero todo lo que puede hacer es rogarles que le presten atención a él (y a sus mamás). Ningún padre puede obligar a su hijo a que verdaderamente escuche sus instrucciones, su punto de vista, o su manera de enfrentar la vida, los cuales ha desarrollado durante muchos años. Al final, depende de cada hijo decidir si se sintonizará o no con el Canal-Papá y con la Radio-Mamá.

Sintonizarte. Prestar atención. Asegurarte de entender lo que tus padres dicen. Esa es una forma de honrar a tus padres.

Antes de ver la siguiente forma de honrarlos quiero que veas algo más en Proverbios. Mira de dónde dice Salomón que obtuvo él la idea de hacer que «adquirir sabiduría» fuera la más alta prioridad en su vida:

«Cuando yo era pequeño y vivía con mi padre, cuando era el niño consentido de mi madre, mi padre me instruyó de esta manera: "Aférrate de corazón a mis palabras; obedece mis mandamientos, y vivirás. Adquiere sabiduría, adquiere inteligencia; no olvides mis palabras ni te apartes de ellas"» (Proverbios 4:3-5).

Salomón honró a su padre (el rey David) prestándole atención. El acto de honrar a su padre dio como resultado que Salomón supiera exactamente lo que necesitaba cuando más adelante Dios vino a él y le dijo: «Te daré cualquier cosa que desees. ¿Qué será?» La respuesta de Salomón: sabiduría. Él había guardado las instrucciones de su papá cerca de su corazón. De modo que cuando llegó el momento de tomar una decisión que potencialmente podía cambiar su vida, Salomón supo qué hacer.

RESPÉTALOS

«Espera», estarás diciendo, «puedo ver por qué los hijos (e hijas) de Salomón honraron y escucharon a su padre. Y puedo ver por qué Salomón honró a su padre, el rey David. Ambos hombres eran sabios, poderosos y temerosos de Dios. Juntos escribieron, o fueron objeto de, una gran cantidad de pasajes de la Biblia. Pero mi papá y mi mamá no son el rey David ni Salomón. Son solo gente común. ¿Por qué me debe importar tanto el honrarlos?»

Gracias por permitirme poner esta pregunta en tu boca, para que pueda darte la siguiente respuesta. Uno de los grandes principios de las Escrituras es que debemos respetar a las personas que están en posiciones de autoridad, no basándonos en sus méritos, sino basándonos en cómo llegaron allí.

Mira esto:

«Todos deben someterse a las autoridades públicas, pues no hay autoridad que Dios no haya dispuesto, así que las que existen fueron establecidas por él» (Romanos 13:1).

Ese es un concepto difícil de asimilar con tu mente. Dios no solo ha establecido la institución de la autoridad, sino también a cada persona en autoridad, desde el presidente de tu nación hasta tus padres. No importa quién ocupe la posición, esa persona merece respeto porque ocupa una posición establecida por Dios.

¿Qué significa respetar? Es respetuoso responder cuando alguien te habla; controlar tu volumen y tu actitud incluso cuando tienes hambre, estás cansado o estresado; y responder cortésmente aun cuando otros no son amables contigo. Respeto no necesariamente significa aceptar que la •

otra persona esté en lo correcto o fingir que te gusta cómo actúa esa persona. El respeto es simplemente reconocer con tus palabras y acciones que la otra persona es superior a ti, o que esa otra persona tiene una dignidad que tal vez ni siquiera ella conoce.

VIVE SABIAMENTE

A tus padres les preocupa profundamente qué será de tu vida. No es suficiente para ellos con saber que estás sano y bien provisto. También desean que tú seas una buena persona... una persona de integridad, respeto y sabiduría.

Mira estas palabras del libro de Salomón:

«El padre del justo experimenta gran regocijo; quien tiene un hijo sabio se solaza en él. ¡Que se alegren tu padre y tu madre! ¡Que se regocije la que te dio la vida!» (Proverbios 23:24-25).

«El hijo sabio es la alegría de su padre; el hijo necio es el pesar de su madre» (Proverbios 10:1).

El hecho de que estés leyendo este libro y tratando de convertirte en una persona más sabia es, en cierto modo, un acto de honrar a tus padres. La búsqueda de la sabiduría en cualquier área de la vida es una forma de honrar a tus padres. Hacer un gran esfuerzo por seguir a Jesús tomando decisiones que honren a Dios en el colegio, en la iglesia, en casa, y en la profunda intimidad de tu mente... eso es honrar a tus padres.

Incluso si parece que tus padres no se dan cuenta o no les importa cómo vives, estos versículos confirman que tus padres serán honrados si tú aprendes a vivir sabiamente, si te conviertes en un hombre o en una mujer de integridad, si buscas a Dios. Convertirte en una persona honorable honra a tus padres.

Podríamos llenar muchos capítulos con ideas acerca de cómo honrar a tu mamá y a tu papá, pero puedes usar la sabiduría que te dará Dios para buscarlas por tu cuenta. Sigamos adelante y veamos algunas de las preguntas más difíciles que los adolescentes y sus padres enfrentan... como por ejemplo la forma de llevarse bien unos con otros cuando surge el conflicto.

CAPÍTULO 6

ENTREVISTANDO A TUS PADRES

Tal vez pienses que sabes todo lo que hay que saber acerca de tus padres. Después de todo, has vivido con ellos (o por lo menos con uno de ellos) hasta ahora por más de doce años o quizás más tiempo. Puede que te sorprenda, entonces, que hay mucho para aprender sobre tu mamá y tu papá, mucho que tú no conoces. Cosas de las que tú no tienes ni idea. Cosas que podrían cambiar completamente la forma en que piensas acerca de ellos. Durante todos estos años, desde que me fui de la casa de mis padres, he seguido descubriendo cosas nuevas de ellos... cosas que definitivamente hubieran cambiado mi forma de pensar sobre ellos años atrás, en mis ocasionalmente acalorados años de adolescencia.

Una manera de honrar a tus padres (o a cualquier otra persona) es interesarte en ellos como individuos, descubrir qué es lo que los hizo ser como son. Cuanto más conozcas sobre tus padres, menos probable es que sigas pensando en ellos como si fueran cajeros automáticos andantes, cocineros que preparan la cena, arruinadores de diversión, o tus choferes personales. Convierte a tus padres en personas tridimensionales reales (o más reales) tomándote un tiempo para entrevistarlos. Graba el audio, haz un video, o escribe una corta biografía de cada uno de ellos.

El proyecto requerirá algo de trabajo de tu parte, pero puede que lo que aprendas te deje sorprendido. ¿Trabajó tu mamá alguna vez como trapecista de circo? ¿Estuvo tu papá involucrado con la mafia rusa? ¿Cómo saberlo si no les preguntas? Incluso, aunque no descubras ninguna historia sensacionalista o escandalosa, aún podrías sorprenderte por lo normales que fueron tu mamá y tu papá de jóvenes. Y definitivamente te sorprenderás por lo honrados que tus padres se sentirán cuando te tomes el tiempo para preguntar.

Aquí hay veinticinco preguntas para que comiences tu entrevista. Pero no permitas que mis sugerencias te limiten. Sé creativo. Sé un buen periodista y ahonda en las respuestas interesantes con preguntas adicionales. Esfuérzate todo lo que puedas en copiar a algún periodista o entrevistador famoso que conozcas por la televisión. No dejes en paz a tus padres hasta que realmente entiendas lo que te están contando... o hasta que comiencen a llorar.

1. Cuéntame alguno de tus primeros recuerdos de la niñez.

2. ¿Con cuál de tus hermanos tuviste una relación más estrecha? ¿Por qué?

3. ¿Cuáles fueron algunas de las fortalezas y debilidades de tus propios padres como padres?

4. ¿Te preocupaba mucho el dinero cuando eras adolescente? ¿Pensabas en tu familia como ricos o como pobres... o no pensabas en ello en absoluto?

5. ¿Cuáles eran algunas de tus cosas favoritas para hacer con tu familia?

6. ¿Cuáles fueron para ti las mejores vacaciones juntos?

7. ¿Cuáles eran para ti las mejores y peores materias en el colegio?

8. ¿Cuál fue uno de tus momentos más avergonzantes?

9. ¿Cuáles fueron tus series de TV, películas y libros favoritos? ¿Qué opinaban tus padres de esas elecciones?

10. ¿Qué pensabas de Jesús cuando eras niño? ¿Cómo cambiaron esos sentimientos hacia él a medida que fuiste creciendo?

11. ¿Qué edad tenías cuando comenzaste a usar la Internet o tuviste una dirección de correo electrónico?

12. Cuando eras adolescente, ¿te enamoraste muchas veces? ¿Qué hacías cuando te enamorabas? ¿Tuviste muchas citas?

13. ¿Dirías que fuiste popular en la escuela secundaria? De ser así, ¿qué clase de presiones te generó eso? En caso contrario, ¿te molestaba no serlo?

14. ¿Quiénes fueron tus mejores amigos en la escuela secundaria? ¿Quién era el más gracioso? ¿Quién era el más apuesto? ¿Crees que después de veinte años aún podrías ser amigo de ellos? ¿Lo eres?

15. ¿Eras atlético? ¿Cuáles eran tus deportes favoritos para jugar? ¿Eres más o menos competitivo ahora de lo que eras entonces?

16. Si pudieras cambiar una o dos de las decisiones que tomaste cuando estabas en la escuela secundaria, ¿lo harías? Si es así, ¿cuáles cambiarías y por qué?

17. ¿Se enojaban tus padres muy a menudo contigo? ¿Pensabas tú que eran demasiado estrictos?

18. Si en ese momento hubieras podido cambiar una cosa de cómo tus padres trataban contigo, ¿qué hubiera sido?

19. ¿Cuándo conociste a mi mamá/papá? ¿Qué fue lo que te atrajo a ella/él? ¿Cuánto tiempo pasó antes de que comenzaran a salir? En aquel momento, ¿te imaginaste que terminarían así?

20. ¿Qué tan lejos de casa has viajado? ¿En qué otros estados o países has estado? Si pudieras visitar cualquier lugar que quisieras en el mundo, ¿a dónde irías?

21. ¿Cuál ha sido tu mayor logro en la vida hasta ahora?

22. Cuando eras niño, ¿quiénes eran tus héroes? ¿Tienes algún héroe hoy?

23. ¿Cuáles fueron tus mejores y tus peores empleos? ¿Te gusta el trabajo que tienes ahora? Si pudieras hacer cualquier tipo de trabajo en el mundo, ¿cuál elegirías? ¿Por qué?

24. ¿Cuál es la parte más difícil para hacer que un matrimonio funcione? ¿Cuál es la mejor parte?

25. ¿Qué cosas te sorprendieron de ser padre? ¿Cuáles son para ti las mejores y las peores partes de este trabajo?

CAPÍTULO 7

POR QUÉ PELEAN LOS PADRES Y LOS ADOLESCENTES

Tal vez te sorprenda encontrar este capítulo a la mitad del libro en lugar de al principio. Puede que este tema sea el que te motivó a escoger este libro en primer lugar. Si fue así, entonces probablemente estés cansado de todos esos capítulos que trataron sobre lo que se supone que los padres deben hacer, sobre cómo nuestro trabajo es obedecerlos y honrarlos, y sobre cómo poder comprenderlos mejor.

Quieres ir a los detalles. Deseas que te diga cómo hacer para que tus padres retrocedan un poco, te den un poco más de espacio, y te traten como un joven adulto en lugar de cómo un niño. O tal vez llegaste a este libro desde una perspectiva diferente: Esperas que te pueda decir cómo hacer para agradarles más a tus padres, para que pasen más tiempo contigo, o para que estén más orgullosos de ti.

Te aseguro que no eres el único que está luchando con estos problemas. Los jóvenes me preguntan sobre eso todo el tiempo. Y voy a decirte lo que les digo a todos ellos: la Palabra de Dios ofrece mucha sabiduría sobre el tema de aliviar las tensiones entre los padres y los hijos.

Sin embargo, antes de llegar a eso, déjame que te comparta ahora mismo el núcleo de este capítulo. Al final del día, no podrás lograr que tus padres hagan nada en absoluto. No se puede hacer que te den más espacio. No se puede forzarlos a que te den su aprobación. El resumen es este: Tú no puedes controlar la forma en que otras personas te tratan, y eso incluye a tus padres.

Si ese te parece un pensamiento deprimente, considera este otro: Tus padres tienen el mismo problema contigo. Si tuviera que escribir una versión de este libro para los padres, entonces la frase clave para este capítulo sería: «¿Adivinan qué? Ustedes ya no pueden controlar a sus adolescentes. No pueden hacer que sean menos distantes. No pueden forzarlos a asumir más responsabilidades en sus vidas. No pueden hacer que se esfuercen más o que estudien más o que se sean más agradables con sus hermanos».

Y esa es parte de la explicación de por qué los padres y los adolescentes se enfadan tanto unos con otros. Su relación ha sufrido algunos cambios drásticos en los últimos (más o menos) diez años.

CREADOS PARA LLEVARSE BIEN

¿Has visto alguna vez padres primerizos con su bebé? Es como si estuvieran diciendo todo el tiempo cosas como: «¿Por qué no para de llorar? ¿Qué podemos hacer para hacerlo feliz? Oye, bebé, aquí hay algo de comida. Aquí hay un poco de leche. ¿Estás sucio? Vamos a cambiar el pañal. ¿Tienes sueño? Te meceré en mis brazos. Haré cualquier cosa para asegurarme de que estás bien».

Cuando tú y tus padres comenzaron su vida juntos, podías lograr que ellos hicieran casi cualquier cosa que quisieras. Desde el primer día, todo lo que tenías que hacer era llorar, y entonces mamá o papá venían corriendo para solucionar el problema. Su trabajo consistía en mantenerte feliz. En muchas formas, los bebés son pequeños dictadores, y los padres son sus leales y amorosos súbditos.

Sin embargo, cuando la situación lo requería, los roles podían invertirse. Cuando eras un niño, tus padres casi siempre podían lograr que hicieras lo que ellos querían. Si comenzabas a hacer algo peligroso o demasiado desordenado, o incluso solo inconveniente, te podían detener. Te podían cargar y llevarte a donde fuera que ellos quisieran llevarte. Podían tomar tu pequeña mano y ponerla donde tenía que ir.

Podían cambiar tu ropa y vestirte con la que ellos pensaban que sería la mejor para ese día. Cuando era momento de ir a alguna parte, solo te tomaban y partían.

Piensa... a medida que fuiste creciendo, las cosas comenzaron a cambiar. Con el tiempo, tus padres fueron dejando que tomaras más decisiones propias. Tú, a tu vez, comenzaste a pedirles que hicieran menos cosas por ti. Tú y tus padres seguramente se enfrentaron por tener diferentes necesidades y expectativas desde que eras un niño pequeño... y en forma continuada hasta la escuela primaria. Pero si tus padres obedecían a Dios usando el tipo correcto de disciplina, entonces probablemente aprendiste a respetar sus límites. Te diste cuenta de que ellos no te iban a dejar hacer lo que querías todo el tiempo. Y ellos se dieron cuenta de que eras capaz de hacer las cosas por ti mismo.

La relación funcionó bien hasta quinto grado más o menos, en parte porque Dios te diseñó a ti y a tus padres con unos instintos muy útiles para relacionarse. Por naturaleza, incluso los padres realmente egoístas quieren que sus hijos disfruten de la vida, que descubran habilidades que les ayuden a vivir sabiamente, y que estén bien provistos para ello. Y los hijos, por naturaleza, quieren saber que mamá y papá los aman, que se sienten orgullosos de ellos, y que estarán allí para ellos.

Es por eso que, en términos generales, los niños durante la edad de la escuela primaria tienden a llevarse bien con sus mamás y sus papás. Aun cuando hay incidentes de rebelión infantil o negligencia paterna, todo el mundo encuentra alguna forma más o menos buena de coexistir. De hecho, muchas familias se desarrollan muy bien durante los años de escuela primaria.

¿POR QUÉ NO ESTOY YO EN CONTROL?

Pero todas esas locas hormonas de la pubertad tienen la manía de revolucionarlo todo. Sin embargo, antes de entrar en ese tema, déjame enfatizar que la mayoría de los adolescentes y sus padres se llevan muy bien la mayor parte del tiempo. En una reciente encuesta de MTV se les preguntó a chicos de trece a veinticuatro años de edad qué era lo que los hacía más felices. La respuesta más repetida fue «pasar tiempo con mi familia». Así que, contrariamente a los estereotipos populares, no todas las relaciones entre padres y adolescentes son un combate de lucha libre.

Por supuesto, la mayoría de los padres y adolescentes llegan a eso en algunas ocasiones. Pero los orígenes de esos conflictos pueden rastrearse hasta los cambios que están ocurriendo dentro de ti. Cuanto más cambias tú (tanto física, como emocional e intelectualmente) más cambia también la relación con tus padres.

La pubertad reorganiza tu sistema y tus prioridades. Como resultado, comienzas a preocuparte más por lo que piensan tus amigos que por lo que piensan tus padres. Eso hace que estés menos motivado para limar asperezas cuando mamá y papá quieren que hagas algo que tú no quieres hacer, o que dejes de hacer algo que tú realmente deseas. Unos años atrás, a pesar de que no te hubiera gustado para nada la situación, la parte posterior de tu cerebro hubiera dicho: *Mis padres son las personas más importantes para mí, así que solucionaré esto de alguna manera.* Pero ahora, la parte posterior de tu cerebro ha comenzando a decir (o a gritar): *En este momento tengo todo tipo de relaciones potencialmente valiosas, y con el tiempo dejaré mi casa paterna de todas formas. Tal vez en esta ocasión debería arriesgarme, presionando más por lo que yo quiero.*

En el otro lado del conflicto, es probable que encontremos a tus padres sorprendidos por tu cada vez menor interés en mantenerlos felices. De pronto, comienzas a desafiar el valor de sus decisiones. Cuestionas su lógica. Tus respuestas comienzan a dejar traslucir pensamientos y sentimientos como: *¿Por qué?*, o *¿Cuál es el problema con eso?*, o *Tal vez ustedes no sean tan inteligentes como yo pensaba que eran.*

El problema es que tus padres todavía tienen un trabajo que hacer. Dios les dice que todavía deben indicarte la dirección correcta, disciplinarte cuando pecas, y cuidarte del peligro. Incluso los padres no creyentes entienden que esas cosas aún son parte de su trabajo. Pero su trabajo se ha hecho más difícil porque ya no estás dispuesto a darles el beneficio de la duda cuando te ofrecen consejos o instrucción.

Ese cambio de actitud hace que algunos padres realmente se enojen. Algunos responden siendo cada vez más estrictos, en un esfuerzo por controlar a los adolescentes que parecieran querer liberarse en cada oportunidad que se les presenta. Otros, temerosos de perder la amistad de sus hijos, se convierten en cachorritos permisivos que les permiten a sus hijos salirse con la suya en casi cualquier cosa. La mayoría de los padres intenta encontrar un equilibrio entre el gobernar con puño de hierro y el rendirse por completo. Ellos realmente quieren ayudar a sus hijos e hijas adolescentes a ganar más independencia, pero sin tomar demasiadas decisiones tontas.

Sin embargo, en el camino, de vez en cuando los padres se caen de la barra de equilibrio hacia un lado o hacia el otro. Y todos los jóvenes que he conocido luchan con las implicancias que tiene el honrar y obedecer a sus madres y padres cuando saben que ya están listos para vivir la vida a su manera.

Ahora que hemos descubierto una fuente de conflicto entre padres y adolescentes, hablemos de lo que puedes hacer al respecto. Recuerda, no puedes cambiar a tus padres, pero eso no significa que no puedas hacer nada. Tienes otras alternativas para limar las asperezas en la relación con tus padres.

CAPÍTULO 8

VERDADERA INDEPENDENCIA

Lo dije antes y lo diré de nuevo: Tú no puedes controlar la forma en que tus padres te tratan. No importa qué estrategia elijas para lidiar con tus padres (ya sea rebelión completa, perfecta obediencia, o algo entre medio), no hay garantía de que obtengas los resultados que esperas. En última instancia, la forma en que tus padres te tratan es un asunto entre ellos y Dios.

Por eso es que el apóstol Pablo escribió: «Si es posible, y en cuanto dependa de ustedes, vivan en paz con todos» (Romanos 12:18). Dios entiende que cuando se trata de hacer las paces con alguien, tú solo puedes hacer tu parte. Él no te hace responsable de la forma en que la otra persona te trata a ti, incluso si esa otra persona es tu padre.

ENCONTRANDO LIBERTAD DENTRO Tu CORAZÓN

Entonces, la estrategia más sabia para hacer frente a tus padres es volverte tan independiente de ellos que ya no importe quiénes sean o cómo te traten. La mejor forma de hacer las paces con tu mamá y tu papá, e incluso mantener una buena relación con ellos, es deshacerte de la carga emocional que pesa sobre tu interacción con tus padres.

No me malinterpretes. No estoy sugiriendo que desconectes tus emociones, o te vuelvas irrespetuoso o distante. Mi punto es que Dios está comenzando a llamarte a que te relaciones con tus padres simplemente como personas que él ama, no como las personas que dirigen tu vida. Mira las palabras de Jesús:

«El que quiere a su padre o a su madre más que a mí no es digno de mí; el que quiere a su hijo o a su hija más que a mí no es digno de mí; y el que no toma su cruz y me sigue no es digno de mí. El que encuentre su vida, la perderá, y el que la pierda por mi causa, la encontrará» (Mateo 10:37-39).

Esta es la idea revolucionaria: Tú puedes ser realmente independiente de tus padres ahora mismo, hoy, en este mismo momento. No tienes que esperar hasta que te mudes o te cases para independizarte de ellos... en tu corazón. Tú sí tienes que esperar a que esas cosas sucedan para dejar de vivir bajo las reglas de tus padres, pero no tienes que esperar para comenzar a vivir por tu cuenta, emocional y espiritualmente.

¿Cómo independizarte de tus padres entonces? Declara tu intención de seguir a Jesús con todo tu ser. Declara tu lealtad hacia él por sobre todo. Niégate a ti mismo, toma tu cruz, y sigue su camino. ¿Captaste lo que dijo Jesús sobre tus padres en el anterior pasaje de las Escrituras? Tal vez lo quieres leer de nuevo. Ve, te espero...

Si te preocupas más por tus padres de lo que te preocupas por Jesús, entonces no eres digno de él. Lo mismo vale para ellos en relación a ti. Cuando tú puedas decir honestamente que te preocupas más por Jesús de lo que te preocupas por tus padres, entonces sabrás que eres independiente de ellos. Y aquí está lo bueno: serás capaz de amarlos, obedecerlos, y honrarlos con una libertad y una voluntad como nunca antes has tenido.

Aún seguirá siendo tu trabajo respetar y honrar a tus padres. Aún seguirá siendo tu trabajo obedecerlos. Pero podrás eliminar el drama personal de tu trabajo. Obedecerás a tus padres porque eso es lo que Jesús hizo, y porque es lo que te dice que hagas. No importa si tus padres son fantásticos o terribles. Los obedeces por Jesús. Los tratas respetuosamente por causa de él. Puede que merezcan tu respeto o no, pero eso no viene al caso. Tú sirves a Jesús.

LOS PADRES DE JESÚS

Mencionamos anteriormente que Jesús dejó sentado para nosotros un ejemplo de obediencia en su relación con sus padres. Con los tres.

En primer lugar, Jesús es el Hijo de Dios. Podemos aprender algunas cosas sobre cómo tratar a nuestros padres de la relación de Jesús con Dios el Padre, aunque obviamente no es una comparación perfecta. Una de las primeras pistas que encontramos en las Escrituras sobre la relación entre Jesús y Dios se encuentra en Mateo 3. Después del bautismo de Jesús, se pudo escuchar a Dios decir: «Éste es mi Hijo amado; estoy muy complacido con él» (versículo 17). A la mayoría de nosotros nos encantaría escuchar esas palabras de boca de nuestros papás.

Por su parte, Jesús le dio a Dios el Padre toneladas de respeto. Él dejó claro que vino a la tierra en obediencia a su Padre. En repetidas ocasiones dijo que sus palabras venían del Padre. Él se preocupaba de agradecer públicamente al Padre por cada don, dándole a Dios reconocimiento frente a los demás. Jesús fue honesto con el Padre acerca de no querer morir en la cruz... y después se sometió a la voluntad del Padre.

Repito, la relación de Jesús con su Padre es distinta de la relación con nuestros padres humanos. Obviamente, nuestros papás no son Dios. Aun así, Dios nos dice que honremos, respetemos, obedezcamos y nos sometamos a nuestros papás. No se nos dice mucho en la Biblia acerca de la relación de Jesús con su padre José. La mayoría de los investigadores suponen que José murió en el tiempo en que Jesús tenía entre doce y treinta años de edad. Jesús trabajó por un tiempo en el negocio familiar de la carpintería, por lo que podríamos asumir que estaba dispuesto a aprender las habilidades de su padre, es decir, que él era enseñable. Ya vimos en un capítulo anterior que Dios nos llama a ser dóciles a la enseñanza de nuestros padres: «Escuchen, hijos, la corrección de un padre; dispónganse a adquirir inteligencia» (Proverbios 4:1).

Nos es más fácil identificarnos con la relación de Jesús con María. Vemos tanto momentos positivos como tensiones entre Jesús y su honorable, pero imperfecta, madre humana. Su primer milagro viene de un acto de honrar y obedecer a su madre, aunque él le dijo: «Mujer, ¿eso qué tiene que ver conmigo? [...] Todavía no ha llegado mi hora». (Juan 2:4). Y luego hizo lo que ella pedía.

Sin embargo, más tarde, Jesús aclaró que su lealtad principal no era a su madre (ni sus a hermanos). Cuando se le dijo que su familia lo estaba esperando fuera de la multitud a la que estaba enseñando, Jesús dijo que los que hacen la voluntad de su Padre, esos son sus madres y sus hermanos, su verdadera familia (Mateo 12:46-50). Y esta también es una idea a la que tenemos que aferrarnos. Jesús se hizo cargo de su madre hasta cuando estaba colgado en la cruz, pidiéndole a Juan que cuidara de ella (Juan 19:26-27), tal como un buen hijo debe hacerlo. Pero Jesús sirvió a Dios y a su familia de la iglesia primero y por encima de todo.

Ahora seamos realmente prácticos. ¿Cómo es llevarse bien con los padres cuando uno vive como un seguidor de Jesús? Eso es lo que vamos a tratar en el próximo capítulo.

CAPÍTULO 9

EL FINO ARTE DE NEGOCIAR CON LOS PADRES

¡Oh sí, habrá conflictos! Habrá desacuerdos acerca de cuál es el mejor curso de acción en determinada situación, cuál es la ropa más adecuada para vestir, cuál es la hora más razonable para el toque de queda, cuál es la cantidad apropiada de dulce para esos panqueques, e incluso cuáles son los mejores amigos para pasar el tiempo. Esos momentos vendrán.

En el capítulo anterior, introdujimos una nueva manera de pensar respecto de nuestros padres: No deberían importarnos tanto como debe importarnos el seguir a Cristo. Y hablamos sobre cómo esta perspectiva nos da la libertad de bajar un poco el nivel emocional en los conflictos con nuestros padres.

Un par de capítulos antes de eso, habíamos hablado sobre otro concepto importante: que Dios trabaja en nuestras vidas a través de diversos puestos de autoridad. Que incluso cuando alguien en autoridad se equivoca, podemos escoger creer que Dios está trabajando para nuestro bien y dirigiendo nuestras vidas a través de esas circunstancias. En otras palabras: Dios es el que, en última instancia, permite que se nos restrinja de ponernos cierta ropa, de pasar tiempo con cierto chico, o de comernos esa séptima porción de pizza. Nuestros padres son simplemente personas que Dios usa para dirigirnos. Por lo tanto, nuestra relación es con (y nuestras respuestas son para) Dios.

Poniendo juntas esas dos grandes ideas, podemos hablar de varias estrategias para resolver los conflictos con nuestros padres. Pero te advierto: vivir realmente de esta forma requiere de mucha madurez. Es mucho más fácil enojarte con tu mamá por no dejarte hacer algo, o por haberte castigado demasiado duro, que decir: «Por alguna razón, Dios está usando a mi mamá para dirigir mi vida en este sentido».

Aun así, este es el camino de la sabiduría. ¿Por qué? Seamos más específicos.

LA ESTRATEGIA DE LA HONESTIDAD TOTAL

Dios odia la mentira. Quiero decir: Él realmente, realmente la odia. Si no me crees, echa un vistazo a Proverbios 6:16-19. Es una lista de las cosas que Dios odia (no es que no le gusten, ¡sino que las odia!). ¡Y la mentira aparece dos veces en la lista! Claramente, mentir es un pecado y no está bien hacerlo.

Nunca he comprendido por qué algunos chicos cristianos que parecen tomarse en serio el seguir a Jesús creen que es aceptable y normal mentirles a sus padres. No puedes mentirle a tu mamá o a tu papá y estar bien con Dios. Debes confesar tu falta de verdad como un pecado (a Dios y a tus padres) y debes corregirla. De otro modo, estás equivocado.

Sé que es difícil entender esto porque mentir a los padres es muy común hoy en día. Muchos jóvenes lo ponen en la misma categoría que el manejar por encima del límite de velocidad: es algo que todos hacen sin pensarlo dos veces. Pero eso no está bien. (Ninguna de las dos cosas). Recuerda, esto va más allá de la relación con nuestros padres. Esto se trata de seguir a Jesús. Y Jesús odia cuando le mentimos a cualquiera. Punto final.

Podemos encontrar una mejor estrategia que mentir, dando un giro de ciento ochenta grados. Estoy hablando de honestidad y apertura total.

Diles a tus padres la verdad sobre todo, en todo tiempo, pase lo que pase. Esto no significa que no puedas tener tus propios pensamientos privados, o que nunca puedas guardar algo confidencial de tus padres. Significa que decirles mucho más de lo que preferirías te ayudará a fin de cuentas a conseguir que ellos te den más libertades.

Así es que háblales voluntariamente sobre a qué lugar fuiste después de la escuela, sobre con quién estuviste, sobre qué fue lo que hiciste, y sobre la hora a la que llegaste a casa. Sin enojo, sé respetuosamente honesto con ellos respecto de cómo te sientes con algunas de sus reglas... y después obedécelas de todas formas. Cuando te metas en problemas en la escuela, ve directamente a casa y cuéntale a tus padres qué fue lo que pasó y por qué. Puede que te castiguen, pero también comenzarán a ver que no les escondes cosas.

Aquí va un secreto sobre los padres que probablemente no debería contarte: Cuando tus padres comienzan a preguntarse si estás diciendo toda la verdad o estás escondiendo algo, es ahí cuando comienzan a hacer muchas preguntas y a acorralarte. Si ellos ven que tú siempre eres abierto y dices la verdad, aun cuando esto pueda tener un costo para ti, es mucho más probable que te den más libertad.

La honestidad total es la mejor forma de ganar más confianza, más libertad y más respeto de tus padres. Ser honesto en todas las situaciones es lo correcto. Es lo que hacen los seguidores de Jesús. Y también resulta ser la mejor forma de llevarte bien con tu papá y tu mamá.

Este principio se puede ver en Proverbios 16:13 (si piensas en tus padres como tu autoridad, como tus gobernantes reales): «El rey se complace en los labios honestos; aprecia a quien habla con la verdad».

LA ESTRATEGIA DE HACERTE CARGO DE TU PARTE

Puede que para aquellos que han hecho de la mentira un hábito, esto requiera algo de trabajo. Algunos incluso tendrán que aprender a decirse la verdad a sí mismos. Mira lo que el papá de Salomón, David, escribió en el Salmo 51:6: «Yo sé que tú amas la verdad en lo íntimo, en lo secreto me has enseñado sabiduría».

Cuando los chicos me hablan de una batalla sin fin con sus padres, yo les pregunto: «¿Qué porcentaje de esa batalla dirías que es tú problema, y qué porcentaje dirías que es el problema de tus padres?» ¿Adivinas qué? ¡La mayoría admite que son dueños de más de la mitad del problema, y muchas veces esta cifra suele ser cercana al setenta por ciento! El solo hecho de pensar en esa pregunta los obliga a ser honestos consigo mismos.

Si tú eres un seguidor de Jesús que mantiene una batalla sin fin con sus padres, entonces hazte esa pregunta. Después, llévale a Jesús ese porcentaje del que crees ser responsable, y pídele que te ayude a resolverlo. Pídele que te ayude a obedecerlo y honrarlo a él en este tema, y luego toma algunas decisiones que ayuden a eliminar tu parte del problema.

Después (y esta es la parte más difícil) habla con tus padres sobre el porcentaje que has estimado. Di algo como: «Mamá, pienso que el sesenta por ciento del conflicto que estamos teniendo es mi problema. Estoy intentando aclarar esa parte con Dios y hacer lo que es correcto. Aun no estoy de acuerdo con tu cuarenta por ciento, pero he decidido obedecer y honrar tu dirección de todas formas».

¡Háblame de honestidad después de esto! Y ahora, yo seré honesto contigo: No todos los padres agradecerán este tipo de acercamiento, pero tendrán que reconocer que estás siendo honesto y que estás tomando en serio la idea de seguir a Jesús. ¿Qué resultará de esto? Más confianza. Más libertad. Y menos fricción con tus padres.

LA ESTRATEGIA DE PEDIR CONSEJO

Hablando desde mi experiencia personal, puedo decirte que los padres adoran esta estrategia. Sin embargo, te repito una vez más que el punto de estas estrategias no es engatusar a mamá y papá. Como seguidor de Jesús, no estás intentando hacer algo malo y salirte con la tuya. Pero como adolescente, estás tratando de obtener más libertad y respeto por parte de tus padres. Esta es una buena forma de hacerlo... y también es una excelente forma de adquirir sabiduría.

Resumiendo, la estrategia es esta: pide consejo. Tienes que tomar decisiones. Tienes problemas con tus amigos, o con los deportes, o con la escuela. Proponte consultar a tu mamá o papá, pidiéndoles que te compartan su sabiduría y su punto de vista de vez en cuando.

De nuevo, Proverbios: «Cuando falta el consejo, fracasan los planes; cuando abunda el consejo, prosperan» (15:22). Así que pedir consejo a tus padres no solo los pondrá de tu lado, sino que incluso es posible que tengan algunas ideas que aún no se te habían ocurrido a ti. Pedir consejos a diferentes fuentes es una forma grandiosa de solucionar un problema. Nunca está de más preguntar.

LA ESTRATEGIA DE PRESENTAR TU CASO Y LUEGO OLVIDARLO

Esta estrategia se aplica a cualquier situación en la que estés lidiando con una figura de autoridad que esté decidiendo en contra de lo que tú desearías sobre algún tema.

En otras palabras, vale la pena que practiques esto ahora con tus padres, para que lo tengas en tu maletín de estrategias para cuando tengas que lidiar con figuras de autoridad más adelante.

De vez en cuando, tus padres tomarán una decisión que simplemente parecerá equivocada, injusta, poco sabia, o tal vez incluso un tanto loca. Cuando ello ocurra, tendrás varias opciones… especialmente si no estás preocupado por seguir a Jesús. Podrías desafiarlos y hacer lo que tú quieres. Podrías engañarlos y hacer lo que tú quieres. Podrías explotar de rabia, soltar un par de palabrotas, golpear puertas, e intentar intimidarlos hasta que se den por vencidos. O podrías intentar manipularlos con lágrimas y pucheros, negándoles tu tiempo y afecto, o diciéndoles cosas hirientes.

Como seguidor de Jesús, tienes que sacar todas esas opciones de tu menú. ¿Qué queda, entonces? Presentar tu caso. Esto implica un poco de preparación, y después «acercarse al rey» con humildad. Piensa de antemano sobre qué puntos quieres tratar. Pide una oportunidad para hablar sobre el tema. Utiliza un tono de voz y palabras respetuosas. Desde el comienzo, deja claro que honrarás, sea cual sea, cualquier decisión que se tome.

Dado que crees que Dios es quien en última instancia controla tu vida, esta estrategia en realidad tampoco se refiere principalmente a tus padres. Se trata de confiar en que Dios te dará lo que es mejor para ti. Después de todo: «En las manos del Señor el corazón del rey es como un río: sigue el curso que el Señor le ha trazado» (Proverbios 21:1).

Te sorprenderías si supieras lo seguido que este enfoque funciona cuando se trata de modificar una decisión que han tomado tus padres o cualquiera en autoridad. El rey David practicó este enfoque con Dios el Padre en medio de un asunto bastante serio. David había deseado a Betsabé, una mujer casada... tuvo relaciones sexuales con ella... la dejó embarazada... hizo que mataran a su esposo... y después se casó con ella. Las acciones de David fueron obras de maldad (en todo el sentido de la expresión), pero aun así David las ignoró. Dios, sin embargo, no lo hizo. El Señor le reveló a David que el bebé que había tenido con Betsabé moriría.

David estaba desconsolado. Presentó su caso ante Dios, y fue muy conmovedor. Aquí está el pasaje de 2 Samuel 12:16-17:

«David se puso a rogar a Dios por él, ayunaba y pasaba las noches tirado en el suelo. Los ancianos de su corte iban a verlo y le rogaban que se levantara, pero él se resistía, y aun se negaba a comer con ellos».

Es un ejemplo extremo, pero ¿puedes ver lo que hizo David? El ayuno y la oración son formas muy respetables de llamar la atención de Dios y hacerle saber que hablas en serio. David reconoció el poder de Dios para cambiar de opinión y sanar al niño. David se humilló dramáticamente, e hizo su petición.

Sin embargo, Dios dijo no. El bebé murió. Y los sirvientes de David tenían miedo de darle la noticia porque pensaron que podría dañarse a sí mismo (¡o a ellos!).

En lugar de eso, mira los versículos 20-23:

«David se levantó del suelo y en seguida se bañó y se perfumó; luego se vistió y fue a la casa del Señor para adorar. Después regresó al palacio, pidió que le sirvieran alimentos, y comió.

-¿Qué forma de actuar es ésta? -le preguntaron sus oficiales-. Cuando el niño estaba vivo, usted ayunaba y lloraba, pero ahora que se ha muerto, ¡usted se levanta y se pone a comer! David respondió:

-Es verdad que cuando el niño estaba vivo yo ayunaba y lloraba, pues pensaba: "Quién sabe? Tal vez el Señor tenga compasión de mí y permita que el niño viva." Pero ahora que ha muerto, ¿qué razón tengo para ayunar? ¿Acaso puedo devolverle la vida?».

David hizo su petición, pero cuando supo que la decisión de Dios era definitiva, olvidó el asunto. Esta también es una clave para ti al presentar tu caso ante tus padres. Una vez que hayan tomado la decisión final, es hora de que lo dejes ir y aceptes eso como la dirección de Dios para tu vida.

CAPÍTULO 10

¿MINISTRAR A MIS PADRES?

¿Quieres llevar la relación con tus padres a un nivel completamente diferente? ¿Quieres ir más allá de «obedecer y honrar»? ¿Quieres avanzar más allá de las estrategias para simplemente llevarte bien con tus papás? Intenta esto: abraza la relación con tus papás como si fuera un ministerio personal.

Jesús nos llama a ser sus representantes frente a cualquier persona con la que interactuemos: hermanos, amigos, compañeros de curso, el muchacho en la ventanilla de cobros... e incluso nuestros padres. Si tomas en serio este llamado, te dirás a ti mismo: Mientras yo esté bajo la autoridad de mi mamá y mi papá, haré una diferencia en sus vidas. No me contentaré con tan solo sobrevivir en esta relación hasta que deje mi casa. Encontraré formas de ser una influencia positiva en la vida de mis padres.

No estoy sugiriendo que debas asumir con tus padres un rol que no sea sano. Tu trabajo no es ser su profesor, ni su consejero. Tú no estás llamado a solucionar sus problemas. Lo que estoy sugiriendo, en cambio, es que apuntes a un nivel por encima de lo que tu mamá y tu papá esperan de ti. Pregúntate: ¿qué haría Jesús si fuera el hijo de mis padres?

OPORTUNIDADES MINISTERIALES

Ministrar a las personas que hay en nuestras vidas implica utilizar nuestro tiempo para desarrollar relaciones de las que ellos puedan beneficiarse. Este tipo de ministerio involucra mucha oración, y una disposición para hacerte a ti mismo algunas preguntas relevantes:

Aquí hay algunos ejemplos:

¿Cómo podría ayudarlos en alguna forma que les quite un poco de la presión que tienen?

¿Cómo podría yo apartar diez minutos todos los días para hablar con mis padres sobre su día?

¿Habrá algo que pueda comprar en la tienda, o en una casa de comidas, o en una pastelería, que sirva para alegrar un poco su día?

¿Podría yo sacar algo de su cargada agenda de responsabilidades para que ellos tengan un tiempo de calidad juntos o con algún buen amigo?

¿Estoy dispuesto a ver a mis papás como personas hechas a la imagen de Dios cuando estamos juntos?

Te sorprenderás de la diferencia que puedes hacer en la vida de alguien tan solo por estar disponible para ser usado por Dios como ministro de Jesús. Tus padres son las personas perfectas para practicar y desarrollar esto en tu estilo de vida.

CÓMO ORAR POR TUS PADRES

Toda relación puede ser mejorada si estás dispuesto a orar por la otra persona. Si ya te llevas bien con alguien, orar profundizará tu entendimiento acerca del otro y aumentará tu compasión por él. Pero si has estado en conflicto con la persona, entonces orar puede ser difícil. Y si crees que la persona te ha hecho daño de verdad, entonces orar puede resultar aun más difícil. Pero puede (y debe) hacerse, especialmente en una relación tan importante como la que tienes con tus padres.

Tómate algún tiempo de manera regular para orar por tu mamá y tu papá. Eso en sí mismo ya es un regalo y una actitud de cariño. Pero es más que eso. La oración efectivamente cambia el universo, ya que Dios se acerca más a nosotros en respuesta a nuestro acercamiento a él.

Aquí hay algunas cosas sobre las cuales puedes orar con respecto a tus padres, pero no te limites a esta lista. Permite que el Espíritu de Dios te motive a orar por tus papás en lo que ellos más lo necesiten...

• Si uno o ambos padres son inconversos, ora para que conozcan a Dios como su Padre a través de la fe en Jesús como su Salvador.

• Si tus padres son creyentes, entonces pídele a Dios que los ayude a amarlo más, a confiar más en él, y a querer más de él.

• Pídele a Dios que les dé sabiduría para ser buenos padres contigo cada día, que los ayude a saber cuánta libertad deben darte y qué restricciones ponerte.

• Pídele a Dios que les dé a tus padres un matrimonio fuerte, estable y saludable. Pídele a Dios que ayude a tu papá a amar a su esposa como Jesús amó a la iglesia. Pídele a Dios que ayude a tu mamá a obedecer los mandamientos del Nuevo Testamento para las esposas. Pídele a Dios que tus padres se quieran más cada a día. Pídele a Dios que les dé una relación física pura y saludable. Pídele a Dios que los ayude a perdonarse y a ser pacientes el uno con el otro.

• Pídele a Dios que ayude a tus padres a encontrar modos de disfrutar sus trabajos, de sentirse satisfechos con ellos, y de hacerlos bien. Pide a Dios que los ayude a usar su dinero sabiamente.

• Pídele a Dios que les dé sabiduría para relacionarse con sus propios padres.

• Si tus papás son creyentes, pide para que los frutos del Espíritu listados en Gálatas 5:22-23 (amor, alegría, paz, paciencia, amabilidad, bondad, fidelidad, humildad y dominio propio) sean más evidentes en sus vidas.

• Pídele a Dios que les dé a tus padres sabiduría en las decisiones importantes que tengan que enfrentar (cambios de trabajo, mudanzas, retomar los estudios, oportunidades ministeriales, etc.).

• Pídele a Dios que prepare a tus padres para dejarte ir cuando llegue el momento... y que te prepare a ti para dejarlos ir también.

• Da gracias a Dios, de forma regular, por las cualidades buenas de tus papás. Pídele a Dios que te ayude a crecer con esas mismas cualidades.

• Pídele a Dios que te ayude a ser de motivación para tus padres al aprender a vivir sabiamente en tu vida personal.

CAPÍTULO 11

ESCRIBE UNA CARTA A TUS PADRES ACERCA DE TU RELACIÓN CON ELLOS

Si tienes una relación áspera con tus papás, y te gustaría mejorarla, entonces considera escribirles una carta. En tus propias palabras, intenta comentar sobre cada uno de estos puntos...

1. Expresa gratitud por todo lo que tus papás hacen (y han hecho) por ti. Asegúrate de mencionar cómo han provisto para ti (dinero, ropa, comida, viajes), cómo te ofrecen su sabio consejo, cómo demuestran su amor por ti, y cómo demuestran paciencia cuando te equivocas.

2. Si hay alguna pelea o algún tema sin resolver entre tú y tus padres, entonces hazte responsable de tu parte. Usa palabras de confesión, diciendo claramente algo como: «Hice tal cosa y estuvo mal». Después, emplea palabras de arrepentimiento, enfatizando que lamentas haberles causado dolor y malos ratos. Finalmente, usa palabras de reconciliación, haciendo énfasis en que en el futuro deseas tener una mejor y más cercana relación con tus papás.

3. Si has estado enojado o resentido por algo que tus padres te hicieron (ya sea años atrás o recientemente), encuentra una forma de decirles que has estado cargando algún resentimiento hacia ellos y que te gustaría perdonarlos y librarte de esa carga emocional. Deja en claro que no necesariamente les estás pidiendo que te pidan perdón, sino que solo quieres resolver la situación en tu propia vida.

Nota: No incluyas esta tercera sección a no ser que realmente lo sientas. Como seguidores de Jesús, la idea principal es entender cuánto nos ha perdonado Dios y que, en comparación, nadie nos ha hecho tanto como lo que nosotros le hemos hecho a Dios con nuestro pecado. No perdonar a otros es menospreciar el perdón de Dios hacia nosotros. Sin embargo, perdonar puede resultar difícil, especialmente si ha habido mucho dolor. No incluyas este párrafo si no estás listo para hacerlo. En lugar de esto, pasa algún tiempo leyendo Efesios 4:32 y Mateo 18:21-35.

4. Pregúntale a tus papás qué podrías hacer para tener una relación más fuerte con ellos. Sé honesto al decirles que estás dispuesto a escuchar cualquier sugerencia o comentario que tengan para ofrecer.

Antes de entregar la carta a tus padres, asegúrate de entender que es un documento que requiere de mucha humildad. Pasa algún tiempo en oración y asegúrate de que tu corazón esté en línea con las palabras de tu carta. Pídele a Dios que te ayude a ser agradecido por tus padres, a ser honesto con ellos, y a ser receptivo a su sabiduría.

CAPÍTULO 12

ESTUDIOS DE CASOS

Aquí tenemos algunos escenarios de la vida real que involucran a adolescentes y a sus padres, seguidos de una lista de posibles respuestas. ¿Qué harías tú en cada situación? ¿Qué es lo que querrías hacer? ¿Qué harías si estuvieras viviendo como un seguidor de Jesús?

EL CAMPAMENTO

Un grupo de chicos y chicas irán a la laguna a acampar juntos por una noche. Tobías realmente quiere ir, pero sabe que su mamá le dirá que no si le comenta que irán con chicas.

OPCIONES

a) Tobías ni se molesta en preguntar porque ya sabe la respuesta.

b) Tobías le cuenta a su mamá la historia completa, y presenta su caso de por qué él piensa que es lo suficientemente maduro como para manejar un campamento mixto.

c) Tobías le cuenta a su mamá acerca del campamento, pero no menciona que irán chicas.

d) Tobías no dice nada y se escabulle para salir de su casa una vez que su mamá se fue a dormir.

e) Tobías miente acerca de su edad, entra a la marina, y se hace un tatuaje.

ASUNTOS DE GUARDAROPAS

El papá de Linda es realmente complicado acerca de la ropa que ella se pone. Siempre está haciendo que se cambie la falda o la blusa. Esto es muy avergonzante para Linda, especialmente cuando le pide frente a sus amigas que se cambie de ropa antes de salir.

OPCIONES

a) Linda le grita a su papá cada vez que él le pide que se cambie ropa, y cierra de un golpe la puerta de su cuarto para enfatizar el punto.

b) Linda habla con su papá, reconoce que él tiene autoridad para pedirle que se cambie, pero le pide que no lo haga frente a sus amigas.

c) Linda le pide a su papá que fije un estándar más específico respecto de lo que él considera que está bien para que ella deje de gastar dinero en ropa que no podrá usar fuera de casa.

d) Linda lleva a cabo una protesta, usando toda la semana un vestido abultado que le cubre desde la cabeza hasta los pies.

MALA INFLUENCIA

María ha estado pasando mucho tiempo con su amiga Tanya, aun cuando ella sabe que su mamá piensa que Tanya es una mala influencia. María entiende por qué su mamá piensa eso, pero cree que ella tiene la oportunidad de ser una buena influencia sobre Tanya. Durante una discusión acalorada, su mamá finalmente dice: «No puedes salir más con Tanya».

OPCIONES

a) María le grita a su mamá y no le habla por una semana, pero obedece y se mantiene lejos de Tanya.

b) María dice: «Ok, mamá, tú mandas. Aprecio tu preocupación». Pero después vuelve a juntarse con Tanya y le miente a su mamá al respecto.

c) A María no le gusta la decisión de su mamá y se lo deja ver claramente, pero también la acepta porque no hay nada que pueda hacer al respecto.

d) A María se le ocurre una alternativa creativa, y le pregunta a su mamá: «¿Qué tal si solo paso tiempo con Tanya en nuestra casa o en las actividades del grupo de jóvenes?».

PAPÁ ENOJADO

Ernesto tiene un problema. Su padre está enojado y de mal humor todo el tiempo. La mamá de Ernesto y su papá han peleado bastante últimamente. Y cada vez que Ernesto le pide algo a su papá, él simplemente le responde «No», o bien le responde de mala forma.

OPCIONES

a) Ernesto piensa: *De acuerdo. De ahora en adelante me mantendré lejos de él. Es su problema, no el mío.*

b) Ernesto ora por su papá y le pide a Dios que haga de su padre un tipo menos egoísta para que la familia no esté tan estresada.

c) Ernesto ora por su papá y le pide a Dios que ayude a su papá a relajarse, a reconocer que Dios lo ama, y a tratar mejor a su mamá.

d) Ernesto le pide a su pastor y a todos los líderes de su iglesia que se organicen para visitar de sorpresa a su papá en el trabajo y alegrarle el día.

CAPÍTULO 13

NOTA FINAL: CUANDO LOS PADRES SON ABUSIVOS

Si estás en una relación de abuso con tus padres, quiero decirte lo más claramente posible que lo que te está ocurriendo (o ya te ocurrió) no está bien. He escrito este libro para chicos que tienen una relación relativamente buena, aunque a veces un poco difícil, con sus padres. Pero si has estado leyendo y te preguntas cómo podría algo de esto funcionar en tu hogar, entonces puede que tengas una razón válida para preguntártelo. Déjame decirte lo que les digo a los chicos que me revelan que sus padres están siendo abusivos...

Primero, que está mal. Ningún padre debería abusar de su hijo (cualquiera sea su edad) ni física, ni sexual, ni verbalmente (a través de insultos hirientes, groserías, o burlas maliciosas). Siempre, en cualquier momento, está mal. El Dios que te dice que honres y obedezcas a tus padres no espera que te sometas al abuso. No está bien que ellos te hagan esas cosas a ti. Y tampoco está bien que se las hagan a su esposo o esposa.

Segundo, que no es tu culpa. A muchos chicos que han sido abusados les cuesta trabajo creerlo. Pero ningún padre les pega, manosea, o abusa de sus hijos porque sean malos. El problema siempre está en el abusador. No importa lo que hayas hecho o dejado de hacer, tú no mereces ser abusado.

Tercero, que Dios te ama profundamente. La forma en que has sido herido lo enoja y lo entristece. Jesús dijo: «Pero si alguien hace pecar a uno de estos pequeños que creen en mí, más le valdría que le colgaran al cuello una gran piedra de molino y lo hundieran en lo profundo del mar» (Mateo 18:6). Si Jesús se sintió así con respecto a un adulto haciendo pecar a un niño, imagínate cómo se debe sentir con respecto a que un adulto abuse de un niño o de un joven. El libro de Proverbios nos dice claramente que Dios aborrece cuando un inocente es herido por alguien más poderoso. Eso es lo que te ha ocurrido a ti, y Dios no lo toma a la ligera.

Cuarto, que no está mal que busques ayuda. No eres desobediente por contarle a alguien lo que está sucediendo. No estarás deshonrando al padre o madre que te hiere (ni al otro). De hecho, tu padre necesita que alguien lo frene, por su propio bien. Si hay alguna esperanza para él, algún día se arrepentirá y llorará por lo que ha hecho. Pero para llegar a ese punto, primero debe ser detenido, y debe dársele una oportunidad (lejos de ti, por ahora) para buscar ayuda y pagar por su crimen. Tu decisión de contarle a alguien es un acto de amor hacia tus padres.

Quinto, que debes contarle a alguien. Por favor, contacta a un consejero, a un pastor de jóvenes, a un pastor general, o a un profesor. En la mayoría de los países, por ley, cualquiera de estas personas debe reportar el hecho a las autoridades cuando tú les cuentes. Un buen pastor o líder de jóvenes podrá también conseguirte ayuda para que comiences el largo proceso de sanidad por tu abuso.

Y por último, que el amor de Dios por ti es real. Dios anhelaba tanto tenerte en su hogar que estuvo dispuesto a sacrificar a su propio Hijo para darte esa oportunidad. Entiendo que a algunas personas que han sido abusadas no les gusta escuchar que Dios es su Padre, porque solo pueden imaginar a los padres como personas hirientes. Pero una vez, un amigo mío que tenía un pasado doloroso me dijo que no lo veía de esa manera. Él me dijo que, al observar a los padres de sus amigos, le resultaba obvio que su propio padre no era «bueno». Anhelaba tener un buen papá. Y no hay mejor papá que tu Padre celestial.

Por favor, contacta a un adulto en quien puedas confiar y comienza el proceso de terminar con este dolor. Este dolor puede terminar, y tú eres lo suficientemente fuerte como para hacer algo al respecto. Todos los que están leyendo las palabras de este libro desean que lo hagas, y muchos de ellos estarán orando para que lo hagas.

EL MINISTERIO
JUVENIL EFECTIVO

LUCAS LEYS

Especialidades
Juveniles.com

101 PREGUNTAS DIFÍCILES
y 101 RESPUESTAS DIRECTAS

Lo que (casi) nadie te dirá acerca del sexo

La perspectiva de Dios para tu sexualidad

Lo que (casi) nadie te dirá
acerca del SEXO

Jim Hancock y
Kara Eckmann Powell

Editorial Vida

ROJO

CUANDO UNA NUEVA
GENERACIÓN LE ADORA

Mucho más allá del escenario y la euforia, Emmanuel Espinosa y los integrantes de ROJO hablan de los retos y desafíos que han vivido como grupo y ministerio. Exponen como ninguna situación adversa en la vida es suficiente para silenciar la canción que le podemos entonar a Dios en todo momento.

El rockero y la modelo
QUE LLEGARON VÍRGENES AL MATRIMONIO

SOLO PARA ELLAS

Cuán lejos es demasiado lejos y otros de "esos" temas

TODO lo que siempre quisiste saber y no te **atreviste a preguntar**

BELLEZA
Las mejores ideas

BUSCANDO
el verdadero amor

Editora General Kristy Motta

Aline Barros ✳ Ruth Mixter ✳ Gloriana Montero ✳ Valeria Leys
Ingrid Rosario ✳ Rocío Corson ✳ Karen Lacota ✳ Míriam Bloise
Gloria Vázquez ✳ Gimena Sánchez Arnau ✳ Raquel López

Editorial Vida

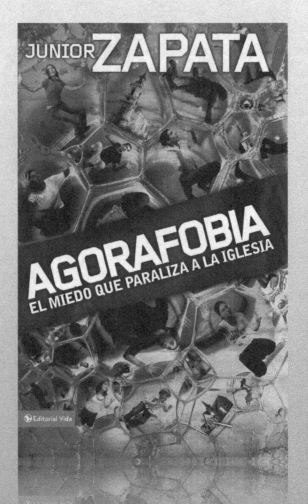

AGORAFOBIA

JUNIOR ZAPATA

HEROES EN 3D

PAOLO LACOTA

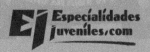

Especialidades
Juveniles.com

Nos agradaría recibir noticias suyas.
Por favor, envíe sus comentarios sobre este libro a
la dirección que aparece a continuación.
Muchas gracias.

vida@zondervan.com
www.editorialvida.com